RÉTABLISSEMENT

DE LA

RELIGION

EN

FRANCE

RÉTABLISSEMENT

DE LA

RELIGION

EN

FRANCE,

OU RECUEIL DE PIÉCES AUTHENTIQUES ET INTÉRESSANTES, SUR L'ORGANISATION DES DIFFÉRENS CULTES,

CONTENANT

LES DISCOURS DU CONSEILLER D'ÉTAT PORTALIS, DES CIT. SIMÉON ET LUCIEN BONAPARTE, LE CONCORDAT AVEC LE PAPE, ET LE LOIS ORGANIQUES DES CULTES CATHOLIQUE ET PROTESTANT.

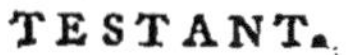

A LEIDE,

CHEZ LES FRERES MURRAY,

1802.

DISCOURS

DU CONSEILLER D'ÉTAT

PORTALIS,

FAIT A LA PREMIÈRE SÉANCE DE L'ASSEMBLÉE
EXTRAORDINAIRE DU CORPS LÉGISLATIF DE
LA RÉPUBLIQUE FRANÇAISE, DU 15. GER-
MINAL AN 10. (5 AVRIL 1802.), EN
LUI PRÉSENTANT LA CONVENTION
CONCLUE AVEC LE PAPE.

✢ ✢ ✢

CITOYENS LÉGISLATEURS!

Depuis long-tems le Gouvernement s'occupait des moyens
de rétablir la paix religieuse en France; j'ai l'honneur de
vous présenter l'important résultat de ses opérations, & de
mettre sous vos yeux les circonstances & les principes qui
les ont dirigées.

Le catholicisme avait toujours été, parmi nous, la religion dominante; depuis plus d'un siècle, son culte était le
seul dont l'exercice public fût autorisé; les institutions civiles
& politiques étaient intimement liées avec les institutions
religieuses; le clergé était le premier ordre de l'Etat; il pos-
sédait de grands biens, il jouïssait d'un grand crédit, il exerçait un grand pouvoir. Cet ordre de choses a disparu avec
la révolution.

A

Alors la liberté de conscience fut proclamée, les propriétés du clergé, furent mises à la disposition de la nation : on s'engagea seulement a fournir aux dépenses du culte catholique & a salairier ses ministres.

On entreprit bientôt de donner une nouvelle forme à la police ecclésiastique.

Le nouveau régime avait à lutter contre les institutions anciennes.

L'Assemblée constituante voulut s'assurer, par un serment, de la fidelité des ecclésiastiques, dont elle changeait la situation & l'état. La formule de ce serment fut tracée par les articles 21. & 38. du titre II. de la constitution civile du clergé, décrétée le 12. Juillet 1790., & proclamée le 24. Aout suivant.

Il est plus aisé de rédiger des lois, que de gagner les esprits & de changer les opinions. La plupart des ecclésiastiques refuserent le serment ordonné, & ils furent remplacés dans leurs fonctions par d'autres ministres.

Les prêtres français se trouverent ainsi divisés en deux classes ; celle des asfermentés, & celle des non-asfermentés. Les fidèles se diviserent d'opinion comme les ministres. L'opposition qui existait entre les divers intérêts politiques, rendit plus vive celle qui existait entre les divers intérêts réligieux. Les esprits s'aigrirent ; les disfensions théologiques prirent un caractère qui inspira de justes alarmes à la politique.

Quand on vit l'autorité préoccupée de ce qui se passait, on chercha à la tromper, ou à la surprendre.

Tous les partis s'accuserent réciproquement.

La législation qui sortit de cet état de fermentation & de trouble, est asfez connue.

Je ne la retracerai pas ; je me borne à dire qu'elle varia, selon les circonstances, & qu'elle suivit le cours des événemens publics.

Au milieu de ces événemens, les confciences étaient toûjours plus ou moins froiffées. On fait que le défordre était à fon comble, lorfque le 18. Brumaire vint fubitement placer la France fous un meilleur génie.

A cette époque, les affaires de la religion fixèrent la follicitude du fage, du héros, qui avait été appellé par la confiance nationale au gouvernement de l'Etat, & qui dans fes brillantes campagnes d'Italie, dans fes importantes négociations avec les divers cabinets de l'Europe, & dans fes glorieufes expéditions d'outre mer, avait acquis une fi grande connaiffance des chofes & des hommes.

Une première queftion fe préfentait: la religion en général est-elle néceffaire aux corps de nation? eft-elle néceffaire aux hommes?

Nous naiffons dans des fociétés formées & vieillies; nous y trouvons un gouvernement, des inftitutions, des lois, des habitudes, des maximes reçues; nous ne daignons pas nous enquérir jufqu'à quel point ces diverfes-chofes fe tiennent entre elles; nous ne demandons pas dans quel ordre elles fe font établies; nous ignorons l'influence fucceffive qu'elles ont eue fur notre civilifation & qu'elles confervent fur les mœurs publiques & fur l'esprit général: trop confians dans nos lumières acquifes, fiers de l'état de perfection où nous fommes arrivés, nous nous imaginons, que fans aucun danger pour le bonheur commun, nous pourrions déformais renoncer à tout ce que nous appelons préjugés antiques, & nous féparer brufquement de tous ce qui nous a civilifés; de là l'indifférence de notre fiècle pour les inftitutions religieufes, & pour tout ce qui ne tient pas aux fciences & aux arts, aux moyens d'industrie & de commerce, qui ont été fi heureufement développés de nos jours, & aux objets d'économie politique, fur lesquels nous paraiffons fonder exclufivement la profperité des Etats.

Je m'emprefferai toujours de rendre hommage à nos découvertes, à notre inftruction, à la philofophie de nos tems modernes.

Mais, quels que foient nos avantages, quel que foit le perfectionnement de notre efpèce, les bon efprits font forcés de convenir qu'aucune focieté ne pourroit fubfifter fans morale, & que l'on ne peut encore fe pafler de magiftrats & de lois.

Or l'utilité ou la neceffité de la religion ne derive-t-elle pas de la neceffité même d'avoir une morale? L'idée d'un Dieu légiflateur n'eft elle pas auffi esfentielle au monde intelligent, que l'eft au monde phyfique celle d'un Dieu créateur & premier moteur de toutes les caufes fecondes? l'athée qui ne reconnaît aucun desfein dans l'univers, & qui femble n'ufer de fon intelligence, que pour tout abandonner à une fatalité aveugle, peut il utilement prêcher la regle des moeurs, en desféchant par fes défolantes opinions la fource de toute moralité?

Pourquoi exifte-t-il des magiftrats? pourquoi exifte-t-il des lois? pourquoi ces lois annoncent elles des récompenfes & des peines? C'eft que les hommes ne fuivent pas uniquement leur raifon; c'eft qu'ils font naturellement difpofés à efpèrer & à craindre, & que les inftituteurs des nations ont cru devoir mettre cette difpofition à profit pour les conduire au bonheur & à la vertu. Comment donc la religion, qui fait de fi grandes promeffes & de fi grandes menaces, ne ferait-elle pas utile à la focieté!

Les lois & la morale ne fauraient fuffire. Les lois ne règlent que certaines actions; la religion les embrasfe toutes. Les lois n'arretent que le bras; la religion règle le cœur. Les lois ne font relatives qu'au citoyen; la religion s'empare de l'homme.

Quant à la morale, que ferait-elle, fi elle demeurait réleguée dans la haute région des fciences, & fi les inftitutions religieufes ne l'en faifaient pas defcendre pour la rendre fenfible au peuple? La morale fans préceptes pofitifs laisferait la raifon fans regle ; la morale fans dogmes religieux ne ferait *qu'une juftice fans tribunaux*.

Quand nous parlons de la force des lois, favons-nous bien quel eft le principe de cette force ? il réfide moins dans la bonté de lois, que dans leur puiffance. Leur bonté feule ferait toujours plus ou moins un objet de controverfe. Sans doute une loi eft plus durable & mieux accueillie quand elle eft bonne ; mais fon principal mérite eft d'être, non un raifonnement, mais une décifion ; non une fimple thefe, mais un fait. Conféquemment une morale religieufe, qui fe réfout en commandemens formels, a néceffairement une force qu'aucune morale purement philofophique ne faurait avoir. La multitude eft plus frappée *de ce qu'on lui ordonne que de ce qu'on lui prouve*. Les hommes en général ont befoin d'être fixés ; il leur faut des maximes plutôt que des démonftrations.

La diverfité des religions pofitives ne faurait être préfentée comme un obftacle à ce que la vraie morale, à ce que la morale naturelle puiffe jamais devenir univerfelle fur la terre. Si les diverfes religions pofitives ne fe reffemblent pas, fi elles différent dans leur culte extérieur & dans leurs dogmes, il eft du moins certain que les principaux articles de la morale naturelle conftituent le fond de toutes les religions pofitives. Par là, les maximes & les vertus les plus néceffaires à la confervation de l'ordre focial font partout fous la fauve-garde des fentimens religieux, & de la confcience. Elles acquièrent ainfi un caractère d'énergie, de fixeté & de certitude, qu'elles ne pourraient tenir de la fcience des hommes. Un des grands avantages des religions pofitives eft encore de lier la morale à ces rits, à des cérémonies, à des pratiques qui en deviennent l'appui. Car n'allons pas croire que l'on puiffe conduire les hommes avec des abftractions ou des maximes froidement calculées. La morale n'eft pas un fcience fpéculative ; elle ne confifte pas uniquement dans l'art de bien penfer, mais dans celui de bien faire. Il est moins question de connaître que d'agir ; or les bonnes actions ne peuvent être préparées & garanties que par les bonnes habitudes. C'est en pratiquant des choses qui menent à la vertu, ou qui du moins en rappellent l'idée, qu'on apprend à aimer & a pratiquer la vertu même.

Sans doute, il n'est pas plus vrai de dire, dans l'ordre religieux, que les rits, & les cérémonies sont la vertu, qu'il ne le ferait de dire, dans l'ordre civil, que les formes judiciaires sont la justice ; mais comme la justice ne peut être garantie que par des formes reglées qui previennent l'arbitraire, dans l'ordre moral la vertu ne peut être asfurée que par l'usage & la sainteté de certaines pratiques qui préviennent la négligence & l'oubli.

La vraie philosophie respecte les formes autant que l'orgueil les dédaigne. Il faut un discipline pour la conduite, comme il faut un ordre pour les idées. Nier l'utilité des rits & des pratiques religieuses en matière de morale, ce ferait nier l'empire des notions fenfibles fur des êtres qui ne sont pas des purs esprits, ce feroit nier la force de l'habitude.

Il est une religion naturelle, dont les dogmes & les préceptes n'ont point échappé aux sages de l'antiquité, & à la quelle on peut s'élever par les feuls efforts d'une raison cultivée. Mais une religion purement intellectuelle ou abstraite pourrait-elle jamais devenir nationale ou populaire? Une religion fans culte ne s'affaiblirait-elle pas bientôt? ne ramenerait elle pas infailliblement la multitude à l'idolâtrie? S'il faut juger du culte par la doctrine, ne faut il pas conserver la doctrine par le culte? Une religion qui ne parleroit point aux jeux & à l'imagination, pourrait elle conferver l'empire des ames? Si rien ne réunisfait ceux qui professent la même croyance, n'y aurait il pas en peu d'années autant de fyftêmes religieux qu'il y a d'individus? les verités utiles n'ont elles pas befoin d'être confacrées par de falutaires inftitutions?

Les hommes en s'éclairant, deviennent-ils des anges? peuvent-ils donc espérer qu'en communiquant leurs lumières, ils éleveront leurs semblables au rang sublime des pures intelligences? Les savans & les philosophes de tous les siècles ont constamment manifesté le désir louable de n'enseigner que ce qui est bon, de ce qui est raisonnable; mais se sont-ils accordés entre eux sur ce qu'ils réputaient raisonnable & bon? Regne-t-il une grande harmonie entre ceux qui ont discuté & qui discutent encore les dogmes de la religion naturelle? Chacun d'eux n'a-t-il pas son opinion particulière, & n'est-il pas réduit à son propre suffrage? depuis les admirables Offices du Consul romain, a-t-on fait, par les seuls efforts de la science humaine, quelque découverte dans la morale? Depuis les dissertations de Platon, est-on agité par moins de doutes dans la métaphysique? s'il y a quelque chose de stable, de convenu sur l'existence & l'unité de Dieu, sur la nature & sur la destination de l'homme, n'est-ce pas au milieu de ceux qui professent un culte & qui sont unis entre eux par les liens d'une religion positive?

L'intérêt des gouvernemens humains est donc de protéger les institutions religieuses, puisque c'est par elles que la conscience intervient dans toutes les affaires de la vie, puisque c'est par elles que la morale & les grandes vérités qui lui servent de sanction & d'appui, sont arrachées à l'esprit de système pour devenir l'objet de la croyance publique, puisque c'est par elles enfin que la société entière se trouve placée sous la puissante garantie de l'auteur même de la nature.

Les états doivent maudire la superstition & le fanatisme.

Mais sait-on bien ce que serait un peuple de sceptiques & d'athées?

Le fanatisme de *Muncer*, chef des anabaptistes, a été certainement plus funeste aux hommes que l'athéisme de *Spinosa*. Il est encore vrai que des nations agitées par le fanatisme se sont livrées par intervalles à des excès & à des horreurs qui font frémir.

Mais la question de préférence entre la religion & l'athéisme, ne consiste pas à savoir si, dans une hypothèse donnée, il n'est pas plus dangereux qu'un tel homme soit fanatique qu'athée, ou si, dans certaines circonstances, il ne vaudrait pas mieux qu'un peuple fût athée que fanatique ; mais, si dans la durée des tems & pour les hommes en général, il ne vaut pas mieux, *que les peuples abusent quelquefois de la religion que de n'en point avoir.*

L'effet inévitable de l'athéisme, dit un grand homme, *est de nous conduire à l'idée de notre indépendance, & conséquemment de notre révolte.* Quel écueil pour toutes les vertus les plus nécessaires au maintien de l'ordre social !

Le scepticisme de l'athée isole les hommes autant que la religion les unit, il ne les rend pas tolérans, mais frondeurs ; il dénoue tous les fils qui nous attachent les uns aux autres ; il se sépare de tout ce qui le gêne, & il méprise tout ce que les autres croient ; il desseche la sensibilité ; il étouffe tous les mouvemens spontanés de la nature ; il fortifie l'amour propre, & le fait dégénérer en un sombre égoïsme ; il substitue des doutes à des vérités : il arme les passions, & il est impuissant contre les erreurs ; il n'établit aucun système, il laisse à chacun le droit d'en faire ; il inspire des prétentions sans donner des lumieres ; il mene par la licence des opinions à celle des vices ; il flétrit le coeur, il brise tous les liens ; il dissout la société.

L'athéisme aurait-il du moins l'effet d'éteindre toute superstition, toute fanatisme ? il est impossible de le penser.

La superstition & le fanatisme ont leur principe dans les imperfections de la nature humaine.

La superstition est une suite de l'ignorance & des préjugés. Ce qui la caractérise est de se trouver unie à quelqu'un de ces mouvemens secrets & confus de l'ame, qui sont ordinairement produits par trop de timidité ou par trop de confiance, & qui intéressent plus ou moins vivement la conscience en faveur des écarts de l'imagination ou des préjugés de l'esprit. On peut définir la superstition comme une croyance aveugle, erronée ou excessive, qui tient presque uniquément à la manière, dont nous sommes affectés, & que nous reduisons, par un sentiment quelconque de respect ou de crainte, en règle de conduite, ou en principe de mœurs.

Avec une imagination vive, avec une ame faible, ou avec un esprit peu éclairé, on peut être superstitieux dans les choses naturelles, comme dans les choses religieuses? Il n'est pas contradictoire d'être à la fois impie & superstitieux; nous en prenons à temoins les incrédules du moyen âge & quelques athées de nos jours.

D'autre part, toute opinion quelconque, religieuse, politique, philosophique, peut faire des enthousiastes & des fanatiques. De simples questions de grammaire nous ont fait courir le risque d'une guerre civile. On s'est quelquefois battu pour le choix d'un histrion.

D'après le mot d'un célebre ministre, la dernière guerre, dans laquelle la France a si glorieusement soutenu les poids de l'univers, a-t-elle été autre chose que la guerre des *opinions armées?* & y a-t-il une guerre religieuse qui ait fait répandre plus de sang?

On ne saurait donc imputer exclusivement à la religion des maux qui ont existé & qui existeraient encore sans elle.

Loin que la superstition soit née de l'établissement de religions positives, on peut affirmer que sans le frein des doctrines & des institutions religieuses, il n'y auroit plus de termes à la crédulité, à la superstition, à l'imposture. Les hommes en général, ont besoin d'être croyans, pour n'être pas crédules : ils ont besoin d'un culte pour n'être pas superstitieux.

En effet, comme il faut un code de lois pour régler les intérêts, il faut un dépôt de doctrine pour fixer les opinions. Sans cela, suivant l'expression de Montaigne, *il n'y a plus rien de certain que l'incertitude même.*

La religion positive est une digue, une barriere qui seule peut nous rasurer contre ce torrent d'opinions fausses & plus ou moins dangereuses que le délire de la raison humaine peut inventer.

Craindrait-on de ne remédier à rien, en remplaçant les faux systêmes de philosophie par de faux systêmes de religion ?

La question sur la vérité ou sur la fausseté de telle ou telle autre religion positive, n'est qu'une pure question théologique qui nous est étrangere. Les religions, même fausses, ont au moins l'avantage de mettre obstacle à l'introduction des doctrines arbitraires ; les individus ont un centre de croyance ; les gouvernemens sont rasurés sur des dogmes, une fois connus, qui ne changent pas ; la superstition est, pour ainsi dire, régularisée, circonscrite & resserrée dans des bornes qu'elle ne peut ou qu'elle n'ose franchir.

Il n'y a point à balancer entre de faux systêmes de philosophie & de faux systêmes de religion. Les faux systêmes de philosophie rendent l'esprit contentieux & laissent le cœur froid : les faux systêmes de religion ont au moins l'effet de rallier les hommes à quelques idées communes, & de le disposer à quelques vertus. Si les faux systêmes de religion nous façonnent à la crédulité, les faux systêmes de philosophie nous conduisent au scepticisme : or les hommes en général, plus faits pour agir que pour méditer, ont plus besoin, dans toutes les choses pratiques, de motifs déterminans que de subtilités & de doutes. Le philosophe lui-même a besoin, autant que la multitude, du courage d'ignorer & de la sagesse de croire ; car il ne peut ni tout connaitre, ni tout comprendre.

Ne craignons pas le retour du fanatisme ; nos mœurs, nos lumières empêchent ce retour. Honorons les lettres, cultivons les sciences, en respectant la religion, & nous serons philoso-phes sans impiété, & religieux sans fanatisme.

Ce qui est inconcevable, n'est que, dans le moment même où l'on annonce que la protection donnée aux institutions religieuses pourrait nous replonger dans des superstitions fanatiques, ou prétend d'un autre côté, que l'on a fait un trop grand bruit de la religion, & qu'elle n'a plus aucune sorte de prise sur les hommes.

Il faut pourtant s'accorder : si les institutions religieuses peuvent inspirer du fanatisme ; c'est par le ressort prodigieux qu'elles donnent à l'ame ; & dèslors il faut convenir qu'elles ont une grande influence, & qu'un gouvernement serait peu sage de les mépriser ou de les négliger.

Avancer que la religion n'arrête aucun désordre dans les pays où elle est le plus en honneur, puis qu'elle n'empêche pas les crimes & les scandales, dont nous sommes les témoins, c'est proposer une objection qui frappe contre la morale & les lois elles-mêmes, puisque la morale & les lois n'ont pas la force de prévenir tous les crimes & tous les scandales.

A la vérité, dans les siècles même les plus religieux, il est des hommes qui ne croient point à la religion, d'autres qui y croient faiblement, ou qui ne s'en occupent pas. Entre les plus fermes croyans, peu agissent conformément à leur foi ; mais aussi ceux qui croient à la religion la pratiquent quelquefois, s'ils ne la pratiquent pas toujours ; ils peuvent s'égarer, mais ils reviennent plus facilement. Les impressions de l'enfance & de l'éducation ne s'éteignent jamais entierement chez les incrédules même. Tous ceux qui paraissent incrédules ne le font pas ; il se forme autour d'eux une sorte d'esprit général qui les entraîne malgré eux-mêmes, & qui règle, jusqu'à un certain point, sans qu'ils s'en doutent, leurs actions & leurs pensées. Si l'orgueil de leur raison les rend sceptiques, leur sens & leur cœur déjouent plus d'une fois les sophismes de leur raison.

La multitude est d'ailleurs plus accessible à la religion qu'au scepticisme ; conséquemment les idées religieuses ont toujours une grande influence fur les hommes en maſſe, fur les corps de nation, fur la fociété générale du genre humain.

Nous voyons les crimes que la religion n'empêche pas; mais voyons-nous ceux qu'elle arrête? Pouvons-nous ſcruter les conſciences, & y voir tous les noirs projets que la réligion y étouffe, & toutes les ſalutaires penſées qu'elle y fait naître? D'où vient que les hommes, qui nous paraiſſent ſi mauvais en détail, ſont en maſſe ſi honnêtes gens? Ne ſerait-ce point parce que les inſpirations, les remords auxquel des méchans déterminés réſistent, & auxquels les bons ne cèdent pas toujours, ſuffiſent pour régir le général des hommes dans le plus grand nombre de cas, & pour garantir, dans le cours ordinaire de la vie, cette direction uniforme & univerſelle ſans laquelle toute ſociété durable ſerait impoſſible?

D'ailleurs on ſe trompe ſi, en contemplant la ſociété humaine, on imagine que cette grande machine pourrait aller avec un ſeul des reſſorts qui la font mouvoir; cette erreur est auſſi évidente que dangereuſe. L'homme n'est point un être ſimple; la ſociété, qui est l'union des hommes, est néceſſairement le plus compliqué de tous les mécaniſmes. Que ne pouvons-nous la décompoſer! nous appercevrions bientôt le nombre innombrable de reſſorts imperceptibles par léſquels elle ſubſiste. Une idée reçue, une habitude, une opinion qui ne ſe fait plus remarquer, a ſouvent été le principal ciment de l'édifice. On croit que ce ſont les lois qui gouvernent, & par-tout ce ſont les mœurs. Les mœurs ſont le réſultat lent des circonſtances, des uſages, des inſtitutions. De tout ce qui existe parmi les hommes, il n'y a rien qui embraſſe plus l'homme tout entier que la religion.

Nous ſentons plus que jamais la néceſſité d'une inſtruction publique. L'inſtruction est un beſoin de l'homme; elle est ſur-tout un beſoin des ſociétés; & nous ne protégerions pas les inſtitutions religieuſes, qui ſont comme les cabaux par lesquels les idées d'ordre, de devoir, d'humanité, de justice, coulent dans toutes les clasfes de citoyens! La fcience ne fera jamais que le partage du petit nombre; mais avec la religion, on peut être inftruit fans être favant. C'est elle qui enfeigne, qui révèle toutes les vérités utiles à dés hommes qui n'ont ni le tems, ni les moyens d'en faire la pénible recherche. Qui voudrait donc tarir les fources de cet enfeignement facré, qui fème par-tout les bonnes maximes, qui les rend préfentes à chaque individu, qui les perpétue en les liant à des établisfemens permanens & durables, & qui leur communique ce caractère d'autorité & de popularité fans lequel elles feraient étrangeres au peuple, c'est a dire, à presque tous les hommes!

Ecoutons la voix de tous les citoyens honnêtes, qui, dans les asfemblées départementales, ont exprimé leur vœu fur ce qui fe pasfe, depuis dix ans, fous leurs yeux.

„ Il est tems, difent-ils (*), que les théories fe taifent „ devant les faits. Point d'inftruction fans éducation, & „ point d'éducation fans morale & fans religion.

„ Les profesfeurs ont enfeigné dans le défert, parce qu'on „ a proclamé imprudemment qu'il ne fallait jamais parler „ de religion dans les écoles.

„ L'inftruction est nulle depuis dix ans; il faut prendre „ la religion pour bafe de l'éducation.

„ Les enfans font livrés à l'oifiveté la plus dangereufe, „ au vagabondage le plus alarmant.

„ Ils font fans idées de la Divinité, fans notion du juste „ & de l'injuste. De là des mœurs farouches & barbares; „ de là un peuple féroce.

(*) *Analyfe des procès-verbaux des confeils généraux des départemens.*

,, Si l'on compare ce qu'est l'instruction avec ce qu'elle de-
,, vrait être, on ne peut s'empêcher de gémir sur le sort qui
,, menace les générations présentes & futures."

Ainsi toute la France appele la religion au secours de la
morale & de la société.

Ce sont les idées religieuses qui ont contribué plus que toute autre chose à la civilisation des hommes; c'est moins par
nos idées que par nos affections, que nous sommes sociables;
or, n'est-ce pas avec les idées religieuses que les premiers
législateurs ont cherché à modérer & à régler les passions
& les affections humaines?

Comme ce ne sont guère des hommes corrompus ou des
hommes médiocres qui ont bâti des villes & fondé des Empires, on est bien fort quand on a pour soi la conduite & les
plans des instituteurs & des libérateurs des nations. En est-il
un seul qui ait dédaigné d'appeler la religion au secours de la
politique?

Les lois de *Minos*, de *Zaleucus*, celle des douze Tables,
reposent entièrement sur la crainte des Dieux. *Cicéron*, dans
son Traité des lois, pose la providence comme la base de toute législation, *Platon* rappelle à la Divinité dans toutes les
pages de ces ouvrages. *Numa avait fait de Rome la ville
sacrée, pour en faire la ville éternelle.*

Ce ne fut point la fraude, ce ne fut point la superstition,
dit un grand homme, qui fit établir la religion chez les Ro-
mains; ce fut la nécessité où sont toutes les sociétés d'en
avoir une.

Le joug de la religion, continue-t-il, fut le seul dont
le peuple Romain, dans sa fureur pour la liberté, n'osa
s'affranchir; & ce peuple, qui se mettait si facilement en co-
lère, avait besoin d'être arrêté par une puissance invisible.

Le mal est que les hommes, en se civilisant, en jouïs-
sant de tous les biens & des avantages de toute espèce qui
naissent de leur perfectionnement, refusent de voir les véri-

tables caufes auxquelles ils en font redevables; comme dans un grand arbre, les rameaux nombreux & le riche feuillage dont il fe couvre, cachent le tronc, & ne nous laiffent appercevoir que des fleurs brillantes & des fruits abondans.

Mais je le dis pour le bien de ma patrie, je le dis pour le bonheur de la génération préfente & pour celui des générations à venir, le fcepticisme outré, l'efprit d'irréligion, transformé en fyftême politique, est plus près de la barbarie qu'on ne penfe.

Il ne faut pas juger d'une nation par le petit nombre d'hommes qui brillent dans les grandes cités. A côté de ces hommes, il existe une population immenfe, qui a befoin d'être gouvernée, que l'on ne peut éclairer, qui est plus fufceptible d'impreffions que de principes, & qui, fans les fecours & fans le frein de la religion, ne connaîtrait que le malheur & le crime.

Les habitans de nos campagnes n'offriraient bien-tôt plus que des hordes fauvages, fi, vivant ifolés fur un vaste territoire, la religion, en les appellant dans les temples, ne leur fournisfait de fréquentes occafions de fe rapprocher, & ne les difpofait ainfi à goûter la douceur des communication fociales.

Hors de nos villes, c'est uniquement l'efprit de religion qui maintient l'efprit de la fociété. On fe rasfemble, on fe voit dans les jours de repos. En fe fréquentant, on contracte l'habitude des égards mutuels. La jeuneffe, qui cherche à fe faire remarquer, étale un luxe innocent, qui adoucit les mœurs plutôt qu'il ne les corrompt. Après les plus rudes travaux, on trouve à la-fois l'inftruction & le délasfement. Des cérémonies auguftes frappent les yeux & remuent le cœur; les exercices religieux préviennent les dangers d'une grosfiere oifiveté. A l'approche des folennités, les familles fe réunisfent, les ennemis fe réconcilient, les méchans même éprouvent quelques remords. On connaît de respect humain. Il se forme une opinion publique, bien plus sûre que celle de nos grandes villes, où il y a tant de coteries & point de véritable public. Que d'œuvres de miséricorde inspirées par la piété! Que de restitutions forcées par les terreurs de la conscience!

Otez la religion à la masse des hommes: par quoi la remplacerez-vous? Si l'on n'est pas préoccupé du bien, on le sera du mal; l'esprit & le cœur ne peuvent demeurer vides.

Quand il n'y aura plus de religion, il n'y aura plus ni patrie, ni société pour des hommes qui, en recouvrant leur indépendance, n'auront que la force pour en abuser.

Dans quel moment la grande question de l'utilité ou de la nécessité des institutions religieuses s'est-elle trouvée soumise à l'examen du Gouvernement? Dans un moment où l'on vient de conquérir la liberté, où l'on a effacé toutes les inégalités affligeantes; & où l'on a modéré la puissance & adouci toutes les lois. Est ce dans de telles circonstances qu'il faudrait abolir & étouffer les sentimens religieux! C'est sur-tout dans les Etats libres que la religion est nécessaire. *C'est là*, dit Polybe, *que pour n'être pas obligé de donner un pouvoir dangereux à quelques hommes, la plus forte crainte doit être celle des Dieux.*

Le Gouvernement n'avait donc point à balancer sur le principe général d'après lequel il devait agir dans la conduite des affaires religieuses.

Mais plusieurs choses étaient à peser dans l'application de ce principe.

L'état religieux de la France est malheureusement trop connu. Nous fommes, à cet égard, environnés de débris & de ruines. Cette situation avait fait naître dans quelques esprits l'idée de profiter des circonstances pour créer une religion nouvelle; qui eût pu être, disait-on, plus adaptée

aux

aux lumieres, aux mœurs, & aux maximes de liberté qui ont présidé à nos institutions républicaines.

Mais on ne fait pas une religion comme l'on promulgue des lois. *Si la force des lois vient de ce qu'on les craint, la force d'une religion vient uniquement de ce qu'on la croit.* Or la loi ne se commande pas.

Dans l'origine des choses, dans des tems d'ignorance & de barbarie, des hommes extraordinaires ont pu se dire inspirés, &, à l'exemple de *Prométhée*, faire descendre le feu du ciel pour animer un monde nouveau. Mais ce qui est possible chez un peuple naissant, ne saurait l'être chez des nations usées dont il est si difficile de changer les habitudes & les idées.

Les lois humaines peuvent tirer avantage de leur nouveauté, parce que souvent les lois nouvelles annoncent l'intention de réformer d'anciens abus, ou de faire quelque nouveau bien; mais, en matière de religion, tout ce qui a l'apparence de la nouveauté porte le caractère de l'erreur ou de l'imposture. *L'antiquité convient aux institutions religieuses, parce que, relativement à ces sortes d'institutions, la croyance est plus forte & plus vive, à proportion, que les choses qui en sont l'objet ont une origine plus reculée; car nous n'avons pas dans la tête des idées accessoires, tirées de ces tems-là, qui puissent les contredire.*

De plus on ne croit à une religion que parce qu'on la suppose l'ouvrage de Dieu; tout est perdu, si on laisse entrevoir la main de l'homme.

La sagesse prescrivait donc au Gouvernement de s'arrêter aux religions existantes, qui ont pour elles la sanction du tems & le respect des peuples.

Ces religions, dont l'une est connue sous le nom de religion catholique, & l'autre sous celui de religion protestante, ne font que des branches du Christianisme. Or quel

B

juste motif eût pu déterminer la politique à prescrire les cultes chrétiens?

Il paraît d'abord extraordinaire que l'on ait à examiner aujourd'hui si les Etats peuvent s'accomoder du Christianisme, qui, depuis tant de siècles, constitue le fond de toutes les religions professées par les nations policées de l'Europe; mais on n'est plus surpris quand on réfléchit sur les circonstances.

A la renaissance des lettres, il y eût un ébranlement: les nouvelles lumières qui se répandirent à cette époque, fixèrent l'attention sur les abus & les déréglemens dans lesquels on était tombé. Des esprits ardens s'emparèrent des discussions; l'ambition s'en mêla: on fit la guerre aux hommes, au lieu de régler les choses; & au milieu des plus violentes secousses, l'on vit s'opérer la grande scission qui a divisé l'Europe chrétienne.

De nos jours, quand la révolution française a éclaté, une grande fermentation s'est encore manifestée; elle s'est étendue à plus d'objets à-la-fois: on a interrogé toutes les institutions établies; on leur a demandé compte de leurs motifs, on a soupçonné la fraude ou la servitude dans toutes; & comme, dans une telle situation des esprits, on s'accommode toujours davantage des voies extrêmes, parce qu'on les répute plus décisives, on a cru, que pour déraciner la superstition & le fanatisme, il fallait attaquer toutes les institutions religieuses.

On voit donc par quelles circonstances il a pu devenir utile, & même nécessaire, de confronter les institutions qui tiennent au Christianisme, avec nos mœurs, avec notre philosophie, avec nos nouvelles institutions politiques.

Quand le Christianisme s'établit, le monde sembla prendre une nouvelle position. Les préceptes de l'Evangile notifièrent la vraie morale à l'univers; ses dogmes firent éprouver ux peuples, devenus Chrétiens, la satisfaction d'avoir été asſez éclairés pour adopter une religion qui vengeait en quelque ſorte la Divinité & l'esprit humain *de l'espèce d'humiliation* attachée aux ſuperſtitions groſſières des peuples idolâtres.

D'autre part, le Christianisme joignant aux vérités ſpirituelles, qui étaient l'objet de ſon enſeignement, toutes les idées ſenſibles qui entrent dans ſon culte, l'attachement des hommes fut extrême pour ce nouveau culte, qui parlait à la raiſon & aux ſens.

La ſalutaire influence de la religion chrétienne ſur les mœurs de l'Europe & de toutes les contrées où elle a pénétré, a été remarquée par tous les écrivains. Si la bouſſole ouvrit l'univers, c'est le Christianisme qui l'a rendu ſociable.

On a demandé ſi, dans la durée des tems, la religion chrétienne n'a jamais été un prétexte de querelle ou de guerre, ſi elle n'a jamais ſervi à favoriſer le despotisme & à troubler les Etats, ſi elle n'a pas produit des enthouſiastes & des fanatiques, ſi les miniſtres de cette religion ont conſtamment employé leurs ſoins & leurs travaux au plus grand bonheur de la ſociété humaine.

Mais quelle est donc l'inſtitution dont on n'ait jamais abuſé? quel est le bien qui ait existé ſans mélange de mal? quelle est la nation, quel est le gouvernement, quel est le corps, quel est le particulier qui pourrait ſoutenir en rigueur la discuſſion du compte rédoutable que l'on exige des prêtres chrétiens?

Il ne ſerait donc pas équitable de juger la religion chrétienne & ſes ministres d'après un point de vue qui répugne au bon ſens. N'oublions pas que les hommes abuſent de tout, & que les ministres de la religion ſont des hommes.

Mais pour être raiſonnable & juste, il faut demander, ſi le Christianisme en ſoi, à qui nous ſommes redevables du grand bienfait de notre civilifation, peut convenir encore à nos mœurs, à nos progrès dans l'art focial, à l'état préfent de toutes chofes.

Cette question n'est certainement pas infoluble, & il importe au bien des peuples & à l'honneur du gouvernement qu'elle foit réfolue.

Des théologiens fans philofophie, & des philofophes qui n'étaient pas fans prévention, ont également méconnu la fageffe du Chriftianisme. Il faut pourtant connaître ce que l'on attaque & ce que l'on défend.

Comme les inftitutions religieufes ne font jamais indifférentes au bonheur public, comme elles peuvent faire de grands biens ou de grands maux, il faut que les Etats fachent, une fois pour toutes, à quoi s'en tenir fur celles de ces inftitutions, qu'il peut être utile ou dangereux de protéger.

Nous nous honorons à juste titre de nos découvertes, de l'accroiffement de nos lumières, de notre avancement dans les arts, & de l'heureux développement de tout ce qui est agréable ou bon.

Mais le Chriftianisme n'a jamais empiété fur les droits imprescriptibles de la raifon humaine : il annonce que la terre a été donnée en partage aux enfans des hommes ; il abandonne le monde à leurs disputes, & la nature entière à leurs recherches ; s'il donne des règles à la vertu, il ne préfcrit aucune limite au génie. De-là, tandis qu'en Afie & ailleurs des fuperftitions groffières ont comprimé les élans de l'esprit & les efforts de l'industrie, les nations chrétiennes ont par-tout multiplié les arts utiles & reculé les bornes des fciences.

Il y a des pays où le bon goût n'a jamais pu pénétrer, parce qu'il en a conftamment été repouffé par les préjugés religieux. Ici la clotûre & la fervitude des femmes, font un obftacle à ce que les communications fociales fe perfeczionnent, & conféquemment à ce que les chofes d'agrément puisfent prospérer; là on prohibe l'imprimerie; ailleurs la peinture & la fculpture des êtres animés font défendues. Dans chaque moment de la vie le fentiment reçoit une fausfe direction, & l'imagination est perpétuellement aux prifes avec les fantômes d'une confcience abufée

Chez les nations chrétiennes, les lettres & les beaux-arts ont toujours fait une douce alliance avec la religion: c'est même la religion qui, en remuant l'ame & en l'élévant aux plus hautes penfées, a donné un nouvel esfort au talent. C'est la religion qui a produit nos premiers & nos plus célèbres orateurs, & qui a fourni des fujets & des modèles à nos poëtes; c'est elle qui, parmi nous, a fait naître la mufique, qui a dirigé le pinceau ce nos grands peintres, le cifeau de nos fculpteurs, & à qui nous fommes rédevables de nos plus beaux morceaux d'architecture.

Pourrions-nous regarder comme inconciliable avec nos lumières & avec nos mœurs une religion que les *Descartes*, les *Newton*, & tant d'autres grands hommes s'honoraient de profesfer, qui a développé le genie des *Pascal*, des *Bosfuet*, & qui a formé l'ame de *Fénélon*.

Pourrions-nous méconnaître l'heureufe influence du Chriftianisme fans répudier tous nos chefs-d'œuvre en tous genre, fans les condamner à l'oubli, fans effacer les monumens de notre propre gloire!

En morale, nest-ce pas la religion chrétienne qui nous a transmis le corps entier de la loi naturelle? Cette religion ne nous enfeigne-t-elle pas tout ce qui est juste, tout ce qui est faint, tout ce qui est aimable! En recommandant partout l'amour des hommes, & en nous élevant jusqu'au Créateur, n'a-t-elle pas pofé le principe de tout ce qui est bien? n'a t elle pas ouvert la véritable fource des mœurs?

Si les corps de nation, fi les esprits, les plus fimples &

les moins inſtruits ſont aujourd'hui plus fermes que ne l'étaient autrefois les *Socrate* & les *Platon* ſur les grandes vérités de l'unité de Dieu, de l'immortalité de l'ame humaine, de l'existence d'une vie à venir, n'en ſommes-nous pas redevables au Christianisme?

Cette religion promulgue quelques dogmes particuliers; mais ces dogmes ne ſont point arbitrairement ſubſtitués à ceux qu'une ſaine métaphyſique presſent ou démontre: il ne remplacent pas la raiſon: ils ne ſont qu'occuper la place que la raiſon laisſe vide, & que l'imagination remplirait inconteſtablement plus mal.

Enfin, ils exiſte un ſacerdoce dans la religion chrétienne. Mais tous les peuples qui ne ſont pas barbares, reconnaisſent une clasſe d'hommes particuliérement conſacrée au ſervice de la Divinité. L'inſtitution du ſacerdoce chez les Chrétiens n'a pour objet que l'enſeignement & le culte. L'ordre civil & politique demeure abſolument étranger aux miniſtres d'une religion qui n'a ſanctionné aucune forme particuliere de gouvernement, & qui commande aux pontifes, comme aux ſimples citoyens, de les respecter toutes, comme ayant toutes pour but la tranquillité de la vie préſente, & comme étant toutes entrées dans les desſeins d'un Dieu créateur & conſervateur de l'ordre ſocial.

Tel eſt le Christianisme en ſoi.

Eſt-il une religion mieux asſortié à la ſituation de toutes les nations policées, & à la politique de tous les gouvernemens? Cette religion ne nous offre rien de purement local, rien qui puisſe limiter ſon influence à telle contrée ou à tel ſiècle, plutôt qu'à tel autre ſiècle ou à telle autre contrée: elle ſe montre non comme la religion d'un peuple, mais comme celle des hommes; non comme la religion d'un pays, mais comme celle du Monde.

Après avoir reconnu l'utilité ou la nécesſité de la religion en général, le gouvernement français ne pouvait donc raiſonnablement abjurer le Christianisme, qui de toutes les religions positives, est celle qui est la plus accommodée à notre philosophie & à nos mœurs.

Toutes les institutions religieuses ont été ébranlées & détruites pendant les orages de la révolution: mais en contemplant les vertus qui brillaient au milieu de tant de désordres, en observant le calme & la conduite modérée de la masse des hommes, pourquoi refuserions-nous de voir que ces notions avaient encore leurs racines dans les esprits & dans les cœurs, & qu'elles se survivaient à elles-mêmes dans les habitudes heureuses qu'elles avaient fait contracter au meilleur des peuples! La France a été bien désolée; mais que serait-elle devenue si, à notre propre insu, ces habitudes n'avaient pas servi de contre-poids aux passions!

La piété avait fondé tous nos établissemens de bienfaisance, & elle les soutenait. Qu'avons-nous fait quand, après la dévastation générale, nous avons voulu rétablir nos hospices? nous avons rappelé ces vierges chrétiennes connues sous le nom de *sœurs de la charité*, qui se sont si généreusement consacrées au service de l'humanité malheureuse, infirme & souffrante. Ce n'est ni l'amour-propre ni la gloire qui peuvent encourager des vertus & des actions trop dégoûtantes & trop pénibles pour pouvoir être payées par des applaudissemens humains. *Il faut élever ses regards au-dessus des hommes, & l'on ne peut trouver des motifs d'encouragement & de zèle que dans cette piété qui anime la bienfaisance, qui est étrangère aux vanités du monde, & qui fait goûter dans la carrière du bien public des consolations que la raison seule ne pourrait nous donner.* On a fait, d'autre part, la triste expérience que des mercenaires, sans motif intérieur qui puisse les attacher constamment à leur devoir, ne sauraient remplacer des personnes animées par l'esprit de la religion, c'est-à-dire, par un principe qui est supérieur aux sentimens de la nature, & qui, pouvant seul motiver tous les sacrifices, est seul capable de nous faire braver tous les dégoûts & tous les dangers.

Lorsque l'on est témoin de certaines vertus, il semble que l'on voit luire un rayon céleste sur la terre. Eh quoi! nous aurions la prétention de conserver ces vertus en tarissant la source qui les produit toutes! Ne nous y trompons pas; il n'y a que la religion qui puisse ainsi combler l'espace immense qui existe entre Dieu & les hommes.

On imaginera peut-être que la politique faisait asfez, en laissant un libre cours aux opinions religieuses, & en cessant d'inquiéter ceux qui les professent.

Mais je demande si une telle mesure, qui ne présente rien de positif, qui n'est, pour ainsi dire, que négative, aurait jamais pu remplir le but que tout gouvernement sage doit se proposer,

Sans doute la liberté que nous avons conquise, & la philosophie qui nous éclaire, ne sauraient se concilier avec l'idée d'une religion dominante en France, & moins encore avec l'idée d'une religion exclusive.

J'appelle religion exclusive, celle dont le culte public est autorisé privativement à tout autre culte. Tel était, parmi nous, la religion catholique dans le dernier siècle de la monarchie.

J'appelle religion dominante, celle qui est plus intimément liée à l'Etat, & qui jouit, dans l'ordre politique, de certains priviléges qui sont refusé à d'autres cultes dont l'exercice public est pourtant autorisé. Telle était la religion catholique en Pologne, & telle est la religion grecque en Russie.

Mais on peut protéger une religion, sans la rendre ni exclusive, ni dominante. Protéger une religion, c'est la placer sous l'égide des lois; c'est empêcher qu'elle ne soit troublée; c'est garantir à ceux qui la professent, la jouissance des biens spirituels qu'ils s'en promettent, comme on leur garantit la sûreté de leurs personnes & de leurs propriétés. Dans le

fimple fystême de protection, il n'y a rien d'exclufif ni de dominant; car on peut protéger plufieurs religions, on peut les
protéger toutes.

Je conviens que le fystéme de protection differe effentielle-
ment du fyftême d'indifférence & de mépris que l'on a fi mal-
à-propos decoré du nom de *tolérance*.

Le mot *tolérance*, en fait de religion, ne faurait avoir
l'acceptation injurieufe qu'on lui donne, quand il eft employé
relativement à des abus que l'on ferait tenté de proscrire, &
fur lesquels on confent à fermer les yeux.

La tolérance religieufe est un devoir, une vertu d'homme
à homme; &, en droit public, cette tolérance est le respect
du gouvernement pour la conscience des citoyens, & pour les
objets de leur vénération & de leur croyance. Ce respect ne
doit pas être illufoire; il le ferait pourtant, fi, dans la pratique il ne produifait aucun effet utile ou confolant.

D'aprés ce que nous avons déjà eu occafion d'établir, on
doit fentir combien le fecours de la religion est néceffaire au
bonheur des hommes.

Indépendamment de tout le bien moral que l'on est en droit
de fe promettre de la protection que je réclame pour les inftitutions religieufes, obfervons que le bon ordre & la füreté
publique ne permettent pas que l'on abandonne, pour ainfi
dire, ces inftitutions à elles-mêmes. L'Etat ne pourrait avoir
aucune prife fur des établisfemens & fur des hommes que l'on
traiterait comme étrangers à l'Etat. Le fystéme d'une furveillance raifonnable fur les cultes ne peut être garanti que par le
plan connu d'une organifation légale de ces cultes. Sans cette
organifation avouée & autorifée, toute furveillance ferait nulle
ou imposfible, parce que le gouvernement n'aurait aucune
garantie réelle de la bonne conduite de ceux qui professeraient
des cultes obfcurs dont les lois ne fe mêleraient pas, & qui,
dans leur invifibilité, s'il m'eft permis de parler ainfi, fauraient toujours échapper aux lois.

Les circonstances particulières dans lesquelles nous vivons, fortifient ces considérations générales.

On a vu par les événemens de la révolution, que le catholicisme a été l'objet principal de tous les coups qui ont été portés aux établissemens religieux, & cela n'étonne pas. La religion catholique avait toujours été dominante; elle était même devenue exclusive par la révocation de l'édit de Nantes, & on croyait avoir à lui reprocher cette révocation qui avait eu des suites si funestes pour la France. Une religion que l'on a soupçonnée d'être reprimante, est réprimée à son tour, quand les circonstances provoquent cette espèce de réaction. Ajoutez à cette première circonstance, que le clergé jouissait d'une existence politique, liée à la monarchie que l'on renversait. La violence dont on usa contre le catholicisme, fut d'autant plus vive, qu'on se crut autorisé à le poursuivre moins comme une religion que comme une tyrannie.

Mais la violence, & les nouveaux plans de police ecclésiastique que la violence appuyait, ne produisirent que des schismes scandaleux qui défigurèrent la religion, qui troublèrent la France & qui la troublent encore.

En cet état, que devait-on faire?

Etait-il d'une politique sage & humaine de continuer la persécution commencée contre ceux qui résistaient aux innovation?

La force ne peut rien sur les ames; la conscience est notre sens moral le plus rebelle: les actes de violence ne peuvent rien opérer, en matière religieuse, que comme *moyen de destruction.*

Un gouvernement compromet toujours sa puissance quand, se proposant d'agir sur des ames exaltées, il veut mettre en opposition les récompenses & les menaces de la loi avec les promesses & les menaces de la religion; la terreur qu'il cherche alors à inspirer, force l'esprit à se replier sur des objets qui lui impriment une terreur bien plus grande encore. Au milieu de ces terribles agitations, le fanatisme déploie toute son énergie; il se soutient par le fanatisme, il devient son aliment à lui même.

Notre propre expérience ne nous a-t-elle pas démontré qu'en persécutant, on ne réussit qu'à faire dégénérer l'esprit de religion en esprit de secte? on croyait par les terreurs & par les supplices augmenter le nombre des bons citoyens; on ne faisait tout au plus que diminuer celui des hommes.

J'observe que tout système de persécution serait évidemment incompatible avec l'état actuel de la France.

Sous un gouvernement absolu, ou l'on est plutôt régi par des fantaisies que par des lois, les esprits font peu effarouchés d'une tyrannie, *parce qu'une tyrannie, quelle qu'elle soit, n'y est jamais une chose nouvelle;* mais dans un gouvernement, qui a promis de garantir la liberté politique & religieuse, tout acte d'hostilité exercé contre une ou plusieurs classes de citoyens, à raison de leur culte, ne serait propre qu'à produire des secousses; on verrait dans les autres une liberté dont on ne jouirait pas soi-même; on supporterait impatiemment une telle rigueur; on deviendrait plus ardent, parce qu'on se regarderait plus malheureux. Sachons qu'on n'afflige jamais plus profondément les hommes, que quand on proscrit les objets de leur respect ou les articles de leur croyance; on leur fait éprouver alors la plus insupportable & la plus humiliante de toutes les contradictions.

D'ailleurs, qu'avons-nous gagné jusqu'ici à proscrire des classes entiers de ministres, dont la plupart s'étaient distingués auprès de leur concitoyens par la bienfaisance & par la vertu? nous avons aigri les esprits les plus modérés; nous avons compromis la liberté, en ayant l'air de séparer la France catholique d'avec la France libre.

Il existe des prêtres turbulens & factieux, mais il en en existe qui ne le font pas; par la persécution, on les confondrait tous. Les prêtres factieux & turbulens, mettraient cette situation à profit, pour usurper la considération, qui n'est due qu'à la véritable sagesse ; on ne les regarderait que comme malheureux & opprimés, & le malheur a je ne sais quoi de sacré, qui commande la pitié & le respect.

Au lieu des assemblées publiques surveillées par la police, & qui ne peuvent jamais être dangereuses, nous n'aurions que des conciliabules secrets, des trames ourdies dans les ténèbres. Les scélérats se glorifieraient de leur courage ; ils en imposeraient au peuple par les dangers, dont ils seraient environnés. Ces dangers leur tiendraient lieu des vertus, & les mesures que l'on croirait avoir prises pour empêcher que la multitude ne fût séduite, deviendraient elles-mêmes le plus grand moyen de séduction.

De plus, voudrions-nous flétrir notre siècle en transformant en système d'état, des mesures de rigueur que nos lumières ne comportent pas, & qui repugneraient à l'urbanité française ? Voudrions-nous flétrir la philosophie même, dont nous nous honorons à si juste titre, & donner à croire que l'intolérance philosophique a remplacé ce qu'on appellait l'intolérance sacerdotale !

Le Gouvernement a donc senti que tout système de persécution devenait impossible.

Fallait-il ne plus se mêler des cultes, & continuer les mesures d'indifférence & d'abandon que l'on paraissait avoir adoptées toutes les fois que les mesures révolutionnaires s'adoucisfaient ? mais ce plan de conduite, certainement préférable a la persécution, n'offrait il pas d'autres inconvéniens & d'autres dangers ?

La religion catholique est celle de la très grande majorité des Français : abandonner un ressort aussi puissant c'était avertir le premier ambitieux ou le premier brouillon qui voudrait de nouveau agiter la France, de s'en emparer & de le diriger contre sa patrie.

A peine touchons-nous au terme de la plus grande révolution qui ait éclaté dans l'univers. Qui ne sait que dans les tempêtes politiques, ainsi qu'au milieu des grands désastres de la nature, la plupart des hommes, invités par tout ce qui se passe autour d'eux à se réfugier dans les promesses & dans les consolations religieuses, sont plus portés que jamais à la piété & même à la superstition ? qui ne connaît la facilité avec laquelle on reçoit, dans les tems de crise, les prédictions, les prophéties les plus absurdes, tout ce qui donne de grandes espérances pour l'avenir, tout ce qui porte l'empreinte de l'extraordinaire, tout ce qui tend à nous venger de la vicissitude des choses humaines ! Qui ne sait encore que les ames froissées par les événemens publics, sont plus sujettes a devenir les jouets du mensonge & de l'imposture ! est-ce dans un tel moment, qu'un gouvernement bien avisé consentirait à courir le risque de voir tomber le ressort de la religion dans des mains suspectes ou ennemies !

Dans les tems les plus calmes, il est de l'intérêt des gouvernemens de ne point renoncer à la conduite des affaires religieuses. Ces affaires ont toujours été rangées, par les différens codes des nations, dans les matières qui appartiennent à la haute police de l'Etat.

Un Etat n'a qu'une autorité précaire, quand il a dans son territoire, des hommes qui exercent une grande influence sur les esprits & sur les consciences, sans que ces hommes lui appartiennent au moins sous quelques rapports.

L'autorisation d'une culte suppose nécessairement l'examen des conditions, suivant lesquelles ceux qui le professent se lient à la société, & suivant lesquelles la société promet de l'autoriser. La tranquillité publique n'est point assurée, si l'on néglige de savoir ce que font les ministres de ce culte, ce qui les caractérise, ce qui les distingue des simples citoyens & des ministres des autres cultes ; si l'on ignore sous quelle discipline

ils entendent vivre, & quels règlemens ils promettent d'ob-
server. L'Etat est menacé, si ces règlemens peuvent être
faits ou changés sans son concours, s'il demeure étranger
ou indifférent à la forme & à la constitution du gouvernement, qui se propose de régir les âmes, & s'il n'a dans des
supérieurs légalement connus & avoués des garans de la
fidélité des inférieurs.

On peut abuser de la religion la plus sainte. L'homme qui
se destine à la prêcher, en abusera-t-il ou n'en abusera-t-il
pas? s'en servira-t-il pour se rendre utile ou pour nuire?
Voilà la question. Pour la résoudre, il est assez naturel
de demander quel est cet homme, de quel côté est son intérêt, quels sont ses sentimens, & comment il s'est servi
jusqu'alors de ses talens & de son ministère. Il faut donc
que l'Etat connaisse d'avance ceux qui seront employés,
il ne doit point attendre tranquillement l'usage qu'ils feront
de leur influence : il ne doit point se contenter des vaines
formules ou de simples présomptions, quand il s'agit de
pourvoir à sa conservation & à sa sûreté. On comprend
donc que ce n'était qu'en suivant, par rapport aux différens
cultes, la système d'une protection éclairée, qu'on pouvait
arriver au système bien combiné d'une surveillance utile.
Car nous l'avons déjà dit, protéger un culte, ce n'est point
chercher à le rendre dominant ou exclusif, c'est seulement
veiller sur sa doctrine & sur sa police, pour que l'Etat
puisse diriger des institutions si importantes vers la plus
grande utilité publique, & pour que les ministres ne puissent corrompre la doctrine confiée à leur enseignement, ou
secouer arbitrairement le joug de la discipline, au grand
préjudice des particuliers & de l'Etat.

Le gouvernement, en sentant la nécessité d'intervenir directement dans les affaires religieuses par les voies d'une surveillance protectrice, & en considérant les scandales & les
schismes qui désolaient le culte catholique, professé par la

très-grande majorité de la nation française, s'est d'abord occupé des moyens d'éteindre ces schismes & de faire cesser ces
scandales.

Un schisme est, par sa nature, un germe de disordre qui
se modifie de mille manières différentes, & qui se perpétue
à l'infini. Chaque titulaire, l'ancien, le nouveau, le plus
nouveau, ont chacun leurs sectateurs dans le même diocese,
dans la même paroisse, & souvent dans la même famille.
Ces sortes de querelles sont bien plus tristes que celles qu'on
peut avoir sur le dogme, *parce qu'elles sont comme une hy-
dre qu'un nouveau changement de pasteur peut à chaque
instant reproduire.*

D'autre part, toutes les querelles religieuses ont un caractère qui leur est propre. „ Dans les disputes ordinaires,
„ dit un philosophe moderne, comme chacun sent qu'il peut
„ se tromper, l'opiniâtreté & l'obstination ne sont pas ex-
„ trêmes ; mais dans celles que nous avons sur la religion,
„ comme par la nature de la chose chacun croit être sûr que
„ son opinion est vraie, nous nous indignons contre ceux qui,
„ au lieu de changer eux-mêmes, s'obstinent à nous faire
„ changer.

D'après ces réflexions, il est clair que les théologiens
sont par eux-mêmes dans l'impossibilité d'arranger leurs dif-
férends. Heureusement les théologiens catholiques reconnaissent un chef, un centre d'unité, dans le pontife de Rome.
L'intervention de ce pontife devenait donc nécessaire pour
terminer des querelles jusqu'alors interminables.

De là le gouvernement conçut l'idée de s'entendre avec
le saint-siege.

La constitution civile du clergé, décrétée par l'assemblée
constituante, n'y mettait aucun obstacle, puisque cette constitution n'existait plus. On ne pouvait la faire revivre sans
perpétuer le schisme qu'il fallait éteindre. Le rétablissement
de la paix était pourtant le grand objet ; & il suffisait de com-

biner le moyen de ce rétablissement avec la police de l'Etat & avec le droit de l'Empire.

Il faut sans doute se défendre contre le danger des opinions ultramontaines, & ne tomber imprudemment sous le joug de la cour de Rome ; mais l'indépendance de la France catholique n'est-elle pas garantie par le précieux dépôt de nos anciennes libertés ?

L'influence du pape réduite à ses véritables termes ne saurait être incommode à la politique. Si quelquefois on a cru utile de relever les droits des évêques pour affaiblir cette influence, quelquefois aussi il a été nécessaire de la réclamer & de l'accréditer contre les abus que les évêques faisaient de leurs droits.

En général, il est toujours heureux d'avoir un moyen canonique & légal d'appaiser des troubles religieux.

Les principes du catholicisme ne comportent pas que le chef de chaque Etat politique puisse, comme chez les Luthériens, se déclarer chef de la religion ; & dans les principes d'une saine politique, on pourrait penser qu'une telle réunion des pouvoirs spirituels & temporels dans les mêmes mains, n'est pas sans danger pour la liberté.

L'histoire nous apprend que, dans certaines occurrences, des nations catholiques ont établi des patriarches ou des primats pour affaiblir ou pour écarter l'influence directe de tout supérieur étranger.

Mais une telle mesure était impraticable dans les circonstances ; elle n'a jamais été employée que dans les Etats où on avait sous la main une église nationale, dont les ministres n'étaient pas divisés, & qui réunisfait ses propres efforts à ceux du gouvernement pour conquérir son indépendance.

D'ailleurs, il n'est pas évident qu'il soit plus utile à un Etat dans lequel le catholicisme est la religion de la majorité, d'avoir dans son territoire un chef particulier de cette religion, que de correspondre avec le chef général de l'église.

Le

Le chef d'une religion, quel qu'il soit, n'est point un personnage indifférent. S'il est ambitieux, il peut devenir conspirateur; il a les moyens d'agiter les esprits, il peut en faire naître l'occasion: quand il résiste a la puissance séculière il la compromet dans l'opinion des peuples. Les dissentions qui s'élèvent entre le sacerdoce & l'empire deviennent plus sérieuses; l'église qui a son chef toujours présent, forme réellement un Etat dans l'Etat; selon les occurrences, elle peut même devenir un faction. On n'a point ces dangers à craindre d'un chef étranger, que le peuple ne voit pas, qui ne peut jamais naturaliser son crédit, comme pourrait le faire un pontife national, qui rencontre dans les préjugés, dans les mœurs, dans les caractère, dans les maximes d'une nation, dont il ne fait pas partie, des obstacles à l'accroissement de son autorité, qui ne peut manifester des prétentions sans reveiller toutes les rivalités & toutes les jalousies; qui est perpétuellement distrait de toute idée de domination particulière, par les embarras & les soins de son administration universelle; qui peut toujours être arrêté & contenu par les moyens que le droit des gens comporte, moyens qui bien menagés n'éclatent qu'au dehors, & nous épargnent ainsi les dangers & le scandale d'une guerre à-la-fois religieuse & domestique.

Les gouvernemens des nations catholiques se font rarement accommodés de l'autorité & de la présence d'un patriarche ou d'un premier pontife national; ils préfèrent l'autorité d'un chef éloigné, dont la voix ne rétentit que faiblement, & qui a le plus grand intérêt a conserver des égards & des ménagemens pour des puissances, dont l'alliance & la protection lui font nécessaires.

Dans les communions qui ne réconnaissent point de chef universel, le magistrat politique s'est attribué les fonctions & la qualité de chef de la religion; tant on a senti combien l'exercice de la puissance civile pourrait être traversée, s'il y avait dans un même territoire deux chefs, l'un pour le sacerdoce & l'autre pour l'empire ; qui puisfent partager le respeét du peuple, & quelquefois même rendre fon obéïsfance incertaine; mais n'est-il pas heureux de fe trouver dans un ordre de chofes, ou l'on n'ait pas befoin de menacer la liberté pour s'asfurer la puisfance ?

Dans la fituation où nous fommes, le recours à un chef général de l'églife était donc une méfure plus fage que l'éreétion du chef particulier de l'églife catholique de France; cette mefure était même la feule posfible.

Pour investir en France le magistrat politique de la diétature facerdotale, il eût fallu changer le fystême religieux de la très-grande majorité des Français. On le fit en Angleterre, parce que les esprits étaient préparés à ce changement; mais parmis nous pouvait-on fe promettre de rencontrer les mêmes dispofitions?

Il ne faut que des yeux ordinaires pour appercevoir, entre une révolution & une autre révolution, les resfemblances qu'elle peuvent avoir entre elles, & qui frappent tout le monde; mais pour juger fainement de ce qui la distingue, pour appercevoir la différence, il faut une manière de voir plus perçante & plus exercée, il faut un esprit plus judicieux & plus profond.

Asfimiler perpétuellement ce qui s'est pasfé dans la révolution d'Angleterre, avec ce qui fe pasfe dans la nôtre, ce ferait donc faire preuve d'une grande médiocreté.

En Angleterre, la révolution éclata à la fuite & même au milieu des plus grandes querelles religieufes, & ce fut l'exaltation des fentimens religieux, qui rendit aux ames le degré d'énergie & de courage, qui était nécesfaire pour attaquer & renverfer le pouvoir.

En France, au contraire, les mœurs & les principes luttaient déjà depuis long-tems contre la religion, & on ne voyait en elle que les abus qui s'y étaient introduits.

En Angleterre on n'avait point eu l'imprudence de dépouiller le clergé de ſes biens, avant de lui demander le ſacrifice de ſa discipline & de ſa hiérarchie.

En France on voulait tout exiger du clergé après lui avoir ôté jusqu'à l'espérance.

En Angleterre, les opinions religieuſes furent aux priſes avec d'autres opinions religieuſes; mais la politique qui ſentait le beſoin de s'étayer de la religion, ſe réunit a un parti religieux, qui protégeait la liberté, qui en fut protégé a ſon tour, & qui finit par placer la conſtitution de l'Etat ſous la puiſſante garantie de la religion même.

En France, ou après la deſtruction de l'ancien clergé tout concourait à l'aviliſſement du nouveau, qu'on venait de lui ſubſtituer, la politique avait armé toutes les conſciences contre ſes plans, & les troubles religieux, qu'il s'agit d'appaiſer, ont été l'unique réſultat des fautes & des erreurs de la politique.

Il est esſentiel d'obſerver que, dans ces troubles, dans ces disſentions, tout l'avantage a dû naturellement ſe trouver du côté des opinions mêmes que l'on avait voulu proscrire, car la conduite qui avait été tenue envers ceux qui avaient embraſſé les opinions nouvelles, avait décrié ſes opinions, & n'avait pu qu'augmenter le respect du peuple, pour celles qui tenaient à l'ancienne croyance, qui avaient reçu une nouvelle ſanction du courage des miniſtres qui s'en étaient déclarés le défenſeurs. Car en morale, nous aimons, ſinon pour nous-mêmes, du moins pour les autres, tout ce qui ſuppoſe un effort; & en fait de religion, nous ſommes portés à croire les témoins *qui ſe font égorger.* Or, une grande maxime d'état, conſacrée par tous ceux qui ont ſu gouverner, est qu'il ne faut point chercher mal-à-propos à changer une religion établie, qui a de profondes racines dans les esprits & dans les cœurs, lorsque cette religion s'est maintenue à travers les événemens & les tempêtes d'une grande révolution.

Sʼil y a de lʼhumanité à ne point affliger la conscience des hommes, il y a une grande sagesse à ménager dans un pays des institutions & des maximes religieuses, qui tiennent, depuis long-tems, aux habitudes du peuple, qui se sont mêlées à toutes ses idées, qui sont souvent son unique morale, & qui font partie de son existence.

Le gouvernement ne pouvait donc proposer des changemens dans la hiérarchie des ministres catholiques, sans provoquer de nouveaux embarras & des difficultés insurmontables.

Il résulte de lʼanalyse des procès-verbaux des conseils-généraux des départemens, que la majorité des Français tient au culte catholique : que dans certains départemens, *les habitans tiennent au culte presque autant quʼà la vie*, quʼil importe de *faire cesser les dissentions religieuses* ; que *les habitans des campagnes aiment leur religion : quʼils regrettent ces jours ou ils adoraient Dieu en commun ; que les temples étaient pour eux des lieux de rassemblement ou les affaires, le besoin de se voir, de sʼaimer, réunissaient toutes les familles, & entretenaient la paix & lʼharmonie : que le respect pour les opinions religieuses est un des moyens les plus puissans pour ramener le peuple à lʼamour des lois ;* que *lʼamour que les Français ont pour le culte de leurs ayeux, peut dʼautant moins alarmer le gouvernement, que les ministres adressent, dans leurs oratoires, des prières pour le gouvernement ; quʼils ont tous rendu des actions de grâces en reconnaissance de la paix ; quʼils prêchent tous lʼobéissance aux loix & à lʼautorité civile ; que la liberté réelle du culte & un exercice avoué par la loi, réuniraient les esprits, feraient cesser les troubles & ramèneraient tout le monde aux principes dʼune morale, qui fait la force du gouvernement, que la philosophie nʼéclaire quʼun petit nombre dʼhommes ; que la religion seule peut créer & épurer les mœurs ; que la morale nʼest utile quʼautant quʼelle est attachée à un culte public ; que lʼon contribuerait beaucoup à la tranquillité publique en réunissant les prêtres des différentes opinions ; que la paix ne se consolidera que lorsque les ministres du culte catholique auront une existence honnête & assurée ; qu'il faut accorder aux prêtres un salaire qui les mette au dessus du besoin, &, enfin, qu'il est fortement désirable qu'une décision du pape fasse cesser toute division dans les opinions religieuses, vu que c'est l'unique moyen d'assurer les mœurs & la probité.*

Tel est le vœu de tous les citoyens appelés par les loix à éclairer l'autorité sur la situation, & les besoins des peuples ; tel est le vœu des bons pères de famille, qui sont les vrais magistrats des mœurs, & qui sont toujours les meilleurs juges, quand il s'agit d'apprécier la salutaire influence de la morale & de la religion.

Les mêmes choses résultent de la correspondence du gouvernement avec les préfets.

„ Ceux qui critiquent le rétablissement des cultes, écrivait „ le préfet du département de la Manche, ne connaissent que „ Paris ; ils ignorent que le reste de la population le désire, „ & en a besoin. Je puis assurer que l'attente de l'organisa- „ tion religieuse a fait beaucoup de bien dans mon départe- „ ment, & que depuis ce moment nous sommes tranquilles „ à cet égard.”

Le préfet de Jemappe assurait : „ que tous les bons ci- „ toyens, les respectables pères de famille soupirent après „ cette organisation, & que la paix rendue aux consciences „ fera le sceau de la paix générale ; que le gouvernement „ vient d'accorder aux vœux de la France.”

On lit dans une lettre du préfet de l'Aveyron, sous la date du 15 Nivôse, que les habitans de ce département, tirant les conséquences les plus rasurantes de quelques expressions relatives au culte, du compte rendu par le gouvernement à l'ouverture du corps législatif, on a vu les

esprits fe tranquillifer, les eccléfiastiques d'opinions différentes devenir plus tolérans les uns envers les autres.

Il ferait inutile de rappeller une multitude d'autres lettres
qui font parvenues de toutes les parties de la république,
& qui offrent le même réfultat.

Le vœu national pourrait-il être mieux connu & plus
clairement manifesté ?

Or c'est ce vœu que le gouvernement a cru devoir con-
fulter & auquel il a cru devoir fatisfaire; car on ne peut
raifonnablement mettre en question, fi un gouvernement
doit maintenir ou protéger, un culte qui a toujours été celui de la très grande majorité de la nation, & que la très
grande majorité de la nation demande à conferver.

Il ne s'agit plus de détruire, il s'agit d'affermir & d'édi-
fier. Pourquoi donc le gouvernement aurait-il négligé un
des plus grands moyens qu'on lui préfentait, pour ramener
l'ordre & rétablir la confiance ?

Comment fe font conduits les conquérans qui ont voulu
conferver & confolider leurs conquêtes ? ils ont par-tout
laiffé au peuple vaincu fes prêtres, fon culte & fes autels:
c'est avec la même fagesfe qu'il faut fe conduire après
une révolution ; car une révolution est ausfi une conquête.

Les ministres de la république auprès des puisfances
étrangeres, mandent que *la paix religieufe a confolidé la
paix politique*, & qu'elle a arraché le poignard à l'intrigue
& au *fanatisme*, & que c'est le rétablisfement de la religion, qui réconcilie tous les cœurs égarés avec la patrie.

Indépendamment des motifs que nous venons d'expofer,
& qui indiquaient au gouvernement la conduite qu'il a tenue
dans les affaires religieufes, des confidérations plus vastes
fixaient encore fa follicitude.

Les Français ne font pas des infulaires; ceux-ci peuvent
facilement fe limiter par leurs inftitutions, comme ils le font
par les mers.

Les Français occupent le premier rang parmi les nations continentales de l'Europe. Les voisins les plus puissans de la France, ses alliés les plus constans, les nouvelles républiques d'Italie, dont l'indépendance est le prix du sang & du courage de nos frères d'armes, sont catholiques. Chez les peuples modernes la conformité des idées religieuses est devenue, entre les gouvernemens & les individus, un grand moyen de communication, de rapprochement & d'influence. Or il importait à la nation Française de ne perdre aucun de ses avantages, de fortifier & même d'étendre ses liens d'amitié, de bon voisinage, & toutes ses relations politiques: pourquoi donc aurait-elle renoncé à un culte qui lui est commun avec tant d'autres peuples?

Voudrait-on nous alarmer par la crainte des entreprises de la Cour de Rome?

Mais le Pape, comme souverain, ne peut plus être redoutable à aucune puissance; il aura même toujours besoin de l'appui de la France; & cette circonstance ne peut qu'accroître l'influence du gouvernement Français dans les affaires générales de l'église, presque toujours mêlées à celle de la politique.

Comme chef d'une société religieuse, le pape n'a qu'une autorité limitée par des maximes connues, qui ont plus particulièrement été gardées parmi nous, mais qui appartiennent au droit universel des nations.

Le Pape avait autrefois dans les ordres religieux une milice, qui lui prêtait obéissance, qui avait écrasé les vrais pasteurs, & qui était toujours disposée à propager les doctrines ultramontaines. Nos loix ont licencié cette milice & elles l'ont pu; car on n'a jamais contesté à la puissance publique le droit d'écarter ou de dissoudre des institutions arbitraires, qui ne tiennent point à l'essence de la religion, & qui sont jugées suspectes ou incommodes à l'Etat.

Conformément à la discipline fondamentale, nous n'aurons

plus qu'un clergé féculier, c'est-à-dire, des évéques &
des prêtres, toujours intéresfés à défendre nos maximes,
comme leur propre liberté, puisque leur liberté, c'est-à-
dire, les droit de l'épiscopat & du facérdoce, ne peuvent
être garantis que religieux par ces maximes.

Le dernier état de la discipline générale est que les évêques
doivent recevoir l'inftitution canonique du Pape. Aucune raifon d'état ne pouvait déterminer le gouvernement à ne pas
admettre ce point de discipline, puisque le Pape en infti-
tuant est collateur forcé, & qu'il ne peut refufer arbitrairement l'inftitution canonique au prêtre qui est en droit de
la demander; & les plus grandes raifons de tranquillité publique, le motif pressant de faire cesser le schisme, invi-
taient le magistrat politique à continuer un ufage, qui n'a-
vait été interrompu que par la conftitution civile du clergé; conftitution qui n'éxiftait plus que par les troubles
qu'elle avait produits.

Avant cette conftitution, & fous l'ancien régime, fi le
Pape inftituait les évéques, c'était le Prince qui les nom-
mait. On avait régardé, avec raifon, l'épiscopat comme
une magistrature qu'il importait à l'Etat de ne pas voir confiée à des hommes qui n'eusfent pas été fuffifamment connus. La nomination du roi avait été remplacée par les
élections du peuple convoqué en asfemblées primaires. Ce
mode disparut avec les lois, qui l'avaient établi, & on ne
lui fubftitua ancun autre mode. Toutes les élections d'évêques, depuis cette époque, ne furent asfujetties à aucune forme fixe, à aucune forme avouée par l'autorité civile. Le
gouvernement n'a pas penfé qu'il fut fage, d'abandonner
plus long-tems ces élections au hafard des circonftances.

Par la conftitution, fous laquelle nous avons le bonheur
de vivre, le pouvoir d'élire réfide esfentiellement dans le
Sénat & dans le Gouvernement. Le Sénat nomme aux pre-
mières autorités de la république : le Gouvernement nom-

me aux places militaires, administratives, judiciaires & politiques, il nomme à toutes celles qui concernent les arts
& l'instruction publique.

Les évêques ne sont point entrés formellement dans la
prévoyance de la constitution; mais leur ministère a trop de
rapport avec l'instruction, avec toutes les branches de la police, pour pouvoir être étranger aux considérations qui ont
fait attribuer aux premier Consul la nomination des préfets,
des juges & des instituteurs. Je dis en conséquence que ce
premier magistrat, chargé de maintenir la tranquillité & de
veiller sur les mœurs, devait compter dans le nombre de
ses fonctions & de ses devoirs, le choix des évêques, c'est-
à-dire, le choix des hommes particulièrement consacrés à
l'enseignement de la morale, & des vérités les plus propres
à influer sur les consciences.

Les évêques, avoués par l'Etat & institués par le Pape,
avaient par notre droit Français, la collation de toutes les
places ecclésiastiques de leurs diocèses. Pourquoi se se-
rait-on écarté de cette règle ? il était seulement nécessaire,
dans un moment où l'esprit de parti peut égarer le zèle, &
séduire les mieux intentionnés, de se réserver une grande
surveillance sur les choix qui pourraient être faits par les
premiers pasteurs.

Puisque les Français catholiques, c'est-à-dire, puisque
la très-grande majorité des Français demandait que le catholicisme fût protégé, puisque le gouvernement ne pouvait
se refuser à ce vœu, sans continuer & sans aggraver les
troubles qui déchirent l'Etat, il fallait, par une raison de
conséquence, pourvoir à la dotation d'un culte qui n'aurait
pu subsister sans ministres, & le droit naturel réclamait en
faveur de ces ministres des secours convenables pour assurer leur subsistance.

Telles sont les principales bases de la convention passée
entre le gouvernement Français & le Saint-Siège.

Quelques perfonnes fe plaindront peut-être, de ce que l'on n'a pas confervé le mariage des prêtres, & de ce que l'on n'a pas profité des circonftances pour épurer un culte, que l'on préfente comme trop furchargé de rits & de dogmes. Mais quand on admet ou que l'on conferve une religion, il faut la régir d'après fes principes.

L'ambition que l'on témoigne, & le pouvoir que l'on voudrait s'arroger de perfectionner arbitrairement les idées & les inftitutions religieufes, font des prétentions contraires à la nature même des chofes.

On peut corriger par des lois les defectuofités des lois. On peut dans les queftions de philofophie, abandonner un fyftème pour embrafer un autre fyftème, que l'on croit meilleur; mais on ne pourrait entreprendre de perfectionner une religion fans convenir qu'elle est vicieufe, & conféquemment fans la détruire par les moyens mêmes, dont on uferait pour l'établir.

Nous convenons que le catholicisme a plus de rits, que n'en ont d'autres cultes chrétiens; mais cela n'est point un inconvénient; car on a judicieufement remarqué que c'est pour cela même que *les catholiques font plus invinciblement attachés à leur religion.*

Quant aux dogmes, l'Etat n'a jamais à s'en mêler, pourvu qu'on ne veuille pas en déduire de conféquences éverfives de l'Etat; & la philofophie n'a aucun droit de fe formalifer de la croyance des hommes fur des matières qui, renfermées dans les rapports impénétrables, qui peuvent exifter entre Dieu & l'homme, font étrangères à toute philofophie humaine. L'esfentiel est que la morale foit pratiquée: or, en détachant la plupart des hommes des dogmes qui fondent leur confiance & leur foi, on ne réüsfirait qu'à les éloigner de la morale même.

La prohibition du mariage, faite aux prêtres catholiques, est ancienne; elle fe lie à des confidérations importantes,

Des hommes confacrés à la Divinité doivent être honorés ; &
dans une religion qui exige d'eux une certaine pureté corpo-
relle, il est bon qu'ils s'abftiennent de tout ce qui pourrait les
faire foupçonner d'en manquer. Le culte catholique demande
un travail foutenu & une attention continuelle ; on a cru
devoir épargner à fes ministres les embarras d'une famille.
Enfin le peuple aime dans les règlemens qui tiennent aux
mœurs des eccléfiastiques tout ce qui porte le caractère de
la févérité ; & on l'a bien vu, dans ces derniers tems, par
le peu de confiance qu'il a témoigné aux prêtres mariés.
On eût donc choqué toutes les idées en annonçant fur ce
point le vœu de s'éloigner de tout ce qui fe pratique chez
les autres nations catholiques.

Perfonne n'est forcé de fe confacrer au facerdoce. Ceux
qui s'y deftinent, n'ont qu'à méfurer leur force fur l'étendue des facrifices qu'on exige d'eux. Ils font libres ; la loi
n'a point à s'inquiéter de leur engagemens, quand elle les
laiffe arbitres fouverains de leur destinée.

Le célibat des prêtres ne pourrait devenir inquiétant pour la
politique ; il ne pourrait devenir nuifible qu'autant que la
clasfe des eccléfiastiques ferait trop nombreufe, & que celle
des citoyens destinés à peupler l'Etat ne le ferait pas asfez.
C'est ce qui arrive dans les pays qui font couvert de mo-
naftères, de chapitres, de communautés féculières & réguliè-
res d'hommes & de femmes, & ou tout femble éloigner les
hommes de l'état du mariage & de tous les travaux utiles.
Ces dangers font écartés par nos lois, dont les difpofitions
ont mis dans les mains du Gouvernement les moyens faciles
de concilier l'intérêt de la religion avec celui de la fociété.

En effet, d'une part nous n'admettons plus que les ministres, dont l'exiftence est néceffaire à l'exercice du culte ; ce
qui diminue confidérablement le nombre des perfonnes, qui
fe vouaient anciennement au célibat. D'autre part, pour les
ministres mêmes que nous confervons, & a qui le célibat

est ordonné par les règlemens eccléfiastiques ; la défenfe qui leur est faite du mariage par ces règlemens, n'est point confacrée comme *empêchement dirimant* dans l'ordre civil: ainfi leur mariage, s'ils en contractaient un, ne ferait point nul aux yeux des lois politiques & civiles, & les enfans qui en naîtraient, feraient légitimes. Mais, dans le for intérieur & dans l'ordre religieux, ils s'expoferaient aux peines fpirituelles, prononcée par les lois canoniques. Ils continueraient à jouïr de leur droit de famille & de cité; mais ils feraient tenus de s'abftenir de l'exercice du facerdoce. Conféquemment fans affaiblir le nerf de la discipline de l'Eglife, on conferve aux individus toute la liberté & tous les avantages garantis par les lois de l'Etat. Mais il eût été injufte d'aller plus loin , & d'exiger pour les eccléfiastiques de France, comme tels, une exception qui les eût déconfidérés auprès de tous les peuples catholiques, & auprès des Français même, auxquels ils administreraient les fecours de la religion.

Il est des chofes que l'on dit toujours, parce qu'elles ont été dites une fois. De là le mot fi fouvent répété que le catholicisme est la religion des monarchies, & qu'il ne faurait convenir aux républiques.

Ce mot est fondé fur l'obfervation, faite par l'auteur de l'Esprit des lois, qu'à l'époque de la grande scission, opérée dans l'églife par les nouvelles doctrines de Luther & de Calvin, la religion catholique fe maintint dans les monarchies abfolues, tandis que la religion protestante fe réfugia dans les gouvernemens libres.

Mais tout cela ne s'accorde point avec les faits. La religion protestante est professée en Prusse, en Suède & en Dannemarck, lorsque l'on voit que la religion catholique est la religion dominante des cantons démocratiques de la Suisse & de toutes les républiques d'Italie.

Sans doute la scission, qui s'opéra dans le christianisme,

Inflna beaucoup fur les affaires politiques, mais indirectement. La Hollande & l'Angleterre ne doivent pas précifé-
ment leur révolution à tel fyftême religieux plutôt qu'à tel
autre, mais à l'énergie que les querelles religieufes rendi-
rent aux hommes, & aux fanatisme qu'elles leur infpirè-
rent.

Jamais, dit un hiftorien célèbre (*), fans le zéle &
l'enthoufiasme qu'elles firent naitre, l'Angleterre ne fut ve-
nue à bout d'établir la nouvelle forme de fon gouvernement.
Ce que dit cet Hiftorien de l'Angleterre s'applique à la
Hollande, qni n'eût jamais tenté de fe fouftraire à la domination
Espagnole, fi elle n'eût craint qu'on ne lui laifferait pas la
faculté de profeffer fa nouvelle doctrine.

Tant qu'en Bohême & en Hongrie, les esprits ont été
échauffé par les querelles de religion, ces deux Etats
ont été libres: cependant il combattaient pour la catholicisme. Sans ces mêmes querelles, l'Allemagne n'aurait peut
être pas confervé fon gouvernement. C'est le trône qui a
protégé le luthéranisme en Suède: c'est la liberté qui a protégé le catholicisme ailleurs : mais l'exaltation des ames,
qui accompagne toujours les disputes de religion, quelque
foit le fond de la doctrine que l'on foutient ou que l'on
combat, a contribué a rendre libres des peuples qui, fans
un grand intérêt religieux, n'euffent eu ni la force, ni le projet de le devenir.

Sur cette matière le fyftême de *Montesquieu* est donc dé-
menti par l'hiftoire.

La plupart de ceux qui ont embrasfé ce fyftêmê, c'est-à-
dire, qui ont penfé que le catholicisme est la religion fa-
vorite des monarchies abfolues, croient pouvoir le motiver
fur les fausfes doctrines de la prétendue infaillibilité du Pape,

---

(*) *M. Hume.*

& du pouvoir arbitraire que les théologiens ultramontains
lui attribuent. Mais il n'est pas plus raisonnable d'argumeu-
ter de ces doctrines, pour établir que le despotisme est
dans l'esprit de la religion catholique, qu'il ne le ferait
d'argumenter des doctrines exagérées des anabaptistes sur la
liberté & sur l'égalité, pour établir que le protestantisme,
en général, est l'ami de l'anarchie, & qu'il est inconciliable
avec tout gouvernement bien ordonné.

D'après les vrais principes catholiques, le pouvoir souverain en matière spirituelle réside dans l'Eglise & non dans
le pape, comme d'après les principes de notre ordre politique, la souveraineté en matière temporelle réside dans la nation, & non dans un magistrat particulier. Rien n'est arbitraire dans l'administration ecclésiastique, tout doit s'y faire par conseil : l'autorité du Pape n'est que celle d'un chef,
d'un premier administrateur qui exécute, & non celle d'un
maitre qui veut, & qui propose ses volontés comme des
lois.

Rien n'est moins propre à favoriser & à naturaliser les
idées de servitude & de despotisme que les maximes d'une
religion qui interdit toute domination à ses ministres, qui
nous fait un devoir de ne rien admettre sans examen, qui
n'exige des hommes qu'une obéissance raisonnable, & qui
ne veut les régir que dans l'ordre du mérite & de la
liberté.

On ne peut voir dans l'autorité réglée que les pasteurs
de l'Eglise catholique exercent séparément ou en corps,
qu'un moyen, non d'asservir les esprits, mais d'empêcher
qu'ils ne s'égarent sur des points abstraits & contentieux
de doctrine, & de prévenir ou de terminer des dissentions
orageuses, & des disputes qui n'auraient pas de termes.

Les Gouvernemens ont un si grand besoin de savoir à
quoi s'en tenir sur les doctrines religieuses, que dans les
communions qui reconnaissent dans chaque individu le droit

d'expliquer les écritures, on se lie en corps par des profes-
sions publiques qui ne varient point, ou qui ne peuvent
varier sans l'observation de certaines formes, capables de
rassurer les gouvernemens contre toute innovation nuisible
à la société.

Enfin, un des grands réproches que l'on fait au catholicisme, consiste à dire qu'il maudit tous ceux qui sont hors
de son sein, & qu'il devient par là intolérant & insociable.
Nous n'avons point à parler en théologiens du principe des
catholiques, sur le sort de ceux qui sont hors de leur église. *Montesquieu* n'a vu dans ce principe qu'un motif de
plus d'être attaché à la religion qui l'établit & qui l'enseigne ; *car*, dit-il, *quand une religion nous donne l'idée d'un
choix, fait par la Divinité, & d'une distinction de ceux
qui ne la professent pas, cela nous attache beaucoup à
cette religion.* Nous ajouterons, avec le même auteur, que
pour juger si un dogme est utile ou pernicieux dans l'ordre
civil, il faut moins examiner ce dogme en lui-même, que
dans les conséquences, que l'on est autorisé à en déduire,
& qui déterminent l'usage & l'abus que l'on en fait.

,, Le dogmes les plus vrais & les plus saints peuvent
,, avoir de très mauvaises conséquences, l'orsqu'on ne les
,, lie pas avec les principes de la société ; & au contraire
,, les dogmes les plus faux en peuvent avoir d'admirables,
,, l'orsqu'on fait qu'ils se rapportent aux mêmes principes.
,, La religion de *Confucius* nie l'immortalité de l'ame, &
,, la secte de *Zénon* ne la croyait pas : qui le dirait ! ces
,, deux sectes ont tiré de leurs mauvais principes, des con-
,, séquences non pas justes, mais admirables pour la socié-
,, té. La religion des *Tao* & des *Foé* croit l'immortalité
,, de l'ame ; mais de ce dogme si saint, ils ont tiré des
,, conséquences affreuses.
,, Presque par tout le monde & dans tous les tems l'opi-
,, nion de l'immortalité de l'ame, mal prise, a engagé les

„ femmes, les esclaves, les sujets, les amis, à se tuer
„ pour aller servir dans l'autre monde l'objet de leur res-
„ pect ou de leur amour.

„ Ce n'est point assez pour une religion d'établir un
„ dogme, il faut encore qu'elle le dirige."

C'est ce qu'a fait la religion catholique pour tous les dogmes qu'elle enseigne, en ne séparant pas ces dogmes de la
morale pure & sage qui doit en régler l'influence & l'application. Ainsi des prêtres fanatiques ont abusé & pourront abuser encore du dogme catholique sur l'unité de l'E-
glise, pour maudire leurs semblables & pour se montrer
durs & intolérans ; mais ces prêtres sont alors coupables
aux yeux de la religion même, & la philosophie qui a su
les empêcher d'être dangereux, a bien mérité de la religion,
de l'humanité & de la patrie.

Les ministres du culte catholique ne pourraient prêcher
l'intolérance sans offenser la raison, sans violer les principes de la charité universelle, sans être rebelles aux lois de
la république, & sans mettre leur doctrine en opposition
avec la conduite de la Providence ; car si la Providence eût
raisonné comme les fanatiques, elle eût, après avoir choisi
son peuple, exterminé tous les autres. Elle souffre pourtant que la terre se peuple de nations qui ne professent pas
toutes le même culte, & dont quelques-unes sont même
encore plongées dans les ténèbres de l'idolatrie. Ceux là
seraient-ils sages, qui annonceraient la prétention de vouloir être plus sages que la Providence même ?

La doctrine catholique, bien entendue, n'offre donc rien
qui puisse alarmer une saine philosophie ; & il faut convenir qu'à l'époque où la révolution a éclaté, le clergé, plus
instruit, était aussi devenu plus tolérant.

Cesserait-il de l'être après tant d'évenemens qui l'ont
forcé à réclamer pour lui-même les égards, les ménagemens,
la tolérance, qu'on lui demandait autrefois pour les autres ?

Aucun

Aucun motif raifonnable ne s'oppofait donc à l'organifation d'un culte qui a été long-tems celui de l'Etat, qui est encore celui de la très-grande majorité du peuple français, & pour lequel tant de motifs politiques follicitaient cette protection de furveillance, fans laquelle il eût été impofsible de mettre un terme aux troubles religieux, & d'afsurer le maintien d'une bonne police dans la république.

Mais comment organifer un culte déchiré par le plus cruel de tous les fchismes?

On avait déjà fait un grand pas en reconnaisfant la primatie fpirituelle du pontife de Rome, & en confentant qu'il ne fût rien changé dans les rapports que le dernier état de discipline eccléfiastique a établi entre ce pontife & les autres pasteurs.

Mais il fallait des moyens d'exécution.

Comment accorder les différens titulaires qui étaient à la tête du même diocèfe, de la même paroisfe, & dont chacun croyait être feul le pasteur légitime de cette paroisfe ou de ce diocèfe?

Les questions qui divifaient les titulaires n'étaient pas purement théologiques; elles touchaient à des chofes qui intéresfent les droits respectifs du facerdoce & de l'empire; elles étaient nées des lois que la puisfance civile avait promulguées fur les matieres eccléfiastiques. Il n'était pas posfible de terminer par les voies ordinaires, des disfentions qui, relatives à des objets mêlés avec l'intérêt d'état, & avec les prérogatives de la fouveraineté nationale, n'étaient pas fusceptibles d'être décidées par un jugement doctrinal, & qui ne pouvaient conféquemment avoir que le triste réfultat d'inquéter la confcience du citoyen, ou de faire fuspecter fa fidélité.

Une grande mefure devenait nécesfaire. Il fallait arriver jusqu'à la racine du mal, & obtenir fimultanément les démisfions de tous les titulaires, quels qu'ils fusfent. Ce prodige préparé par la confiance que la fagesfe du Gouvernement avait fu infpirer, & par l'ascendant que l'éclat de fes fuccès en tout genre lui asfurait fur les esprits & fur les cœurs, s'est opéré, avec l'étonnement & l'admiration de l'Europe, à la voix confolame de la religion, & au doux nom de la patrie.

Par-là, tout ce qui est utile & bon est devenu poffible; & les facrifices que la force n'avait jamais pu arracher, nous ont été généreufement offerts par le patriotisme, par la confcience & par la liberté.

Que donne l'Etat en échange de tous ces facrifices ! il donne à ceux qui feront honorés de fon choix, le droit de faire du bien aux hommes, en exerçant les augustes fonctions de leur ministère; & fi les raifons fupérieures qui ont engagé le Gouvernement à diminuer le nombre des offices eccléfiastiques, ne lui permettent pas d'employer les talens & les vertus de tous les pasteurs démisfionnaires, il n'oubliera jamais avec quel dévouement ils ont tous contribué au rétablisfement de la paix religieufe.

Nous avons dit en commençant que, dès les premiéres années de la révolution, le clergé catholique fut dépouillé des grands biens qu'il posfédait. Le temporel des Etats étant entièrement étranger au ministère du pontife de Rome, comme à celui des autres pontifes, l'intervention du Pape n'était certainement pas requife pour confolider & affermir la propriété des acquéreurs des biens eccléfiastiques. Les ministres d'une religion qui n'est que l'éducation de l'homme pour une autre vie, n'ont point à s'immiscer dans les affaires de celle-ci. Mais il a été utile que la voix du chef de l'Eglife, qui n'a point à promulguer des lois dans la fociété, pût retentir doucement dans les confciences, & y appaifer des craintes où des inquétudes que la loi n'a pas toujours le pouvoir de calmer. C'est ce qui explique la claufe par laquelle le Pape, dans fa convention avec le Gouvernement, reconnait les acquéreurs des biens du clergé comme propriétaires incommutables de ces biens.

Nous ne croyons pas avoir befoin d'entrer dans de plus longs détails, fur ce qui concerne la réligion catholique.

Je ne dois pourtant pas omettre la difpofition par laquelle on déclare que cette religion est celle des trois Confuls, & de la très-grande majorité de la nation. Mais je dirai en même tems qu'en cela on s'est reduit à énoncer deux faits qui font incontestables, fans entendre, par cette énonciation, attribuer au catholicisme aucun des caractères politiques qui feraient inconciliables avec notre nouveau fyftême de légiflation. Le catholicisme est en France, dans le moment actuel, la religion des membres du Gouvernement, & non celle du Gouvernement même. Il est la religion de la majorité du peuple français; & non celle de l'Etat. Ce font là des chofes qu'il n'est pas permis de confondre, & qui n'ont jamais été confondúes.

Comme la liberté de confcience est le vœu de toutes nos lois, le gouvernement, en s'occupant de l'organifation du culte catholique, s'est pareillement occupé de celle du culte proteftant. Une portion du peuple français profeffe ce culte, dont l'exercice public a été autorifé en France jusqu'à la révocation de l'édit de Nantes.

A l'époque de cette révocation, le protestantisme fut proscrit, & on déploya tous les moyens de perfécution contre les proteftans. D'abord on les chaffa du territoire français. Mais comme l'on s'aperçut enfuite que l'émigration était trop confidérable, & qu'elle affaiblissait l'Etat, on défendit aux proteftans de fortir de France, fous peine des galères. En les forçant à demeurer au milieu de nous, on les déclara incapables d'occuper aucune place & d'exercer aucun emploi; le mariage même leur fut interdit: ainfi une partie nombreufe de la nation fe trouva condamnée à ne plus fervir Dieu ni la patrie. Est-il fage de précipiter par de telles mefures des multitudes d'hommes dans le défefpoir de l'athéisme religieux, & dans les dangers d'une forte d'athéisme politique qui menaçait l'Etat! Efpérait-on pouvoir compter fur des hommes que l'on rendait impies par néceffité, que l'on asfervissait par la violence, & que l'on déclarait tout-à-la-fois étrangers aux avantages de la cité & aux droits mêmes de la nature? N'était-il pas évident que ces hommes, justement aigris, feraient de puisfans auxiliaires toutes les fois qu'il faudrait murmurer & fe plaindre? Ne les forçait-on pas à fe montrer favorables à toutes les doctrines, à toutes les idées, à toutes les nouveautés qui pouvaient les venger du pasfé, & leur donner quelque esperance pour l'avenir? Je m'étonne que nos écrivains, en parlant de la révocation de l'édit de Nantes, n'aient préfenté cet événement que dans fes rapports avec le préjudice qu'il porte à notre commerce, fans s'occuper des fuites morales que le même événement a eues pour la fociété, & dont les réfultats font incalculables.

Dans la révolution, l'esprit de liberté a ramené l'esprit de justice, & les protestans, rendus à leur patrie & à leur culte, font redevenus ce qu'ils avaient été, ce qu'ils n'auraient jamais dû cesfer d'être, nos concitoyens & nos frères. La protection de l'Etat leur est garantie à tous égards comme aux catholiques.

Dans le protestantisme, il y a diverfes communions. On a fuivi les nuances qui les distinguent.

L'esfentiel pour l'ordre public & pour les mœurs n'est pas que tous les hommes aient la même religion, mais que chaque homme foit attaché à la fienne; car lorsqu'on est asfuré que les diverfes religions dont on autorife l'exercice, contiennent des préceptes utiles à la fociété, il est bon que chacune de ces religions foit obfervée avec zele.

La liberté de confcience n'est pas feulement un droit naturel; elle est encore un bien politique. On a remarqué que là où il existe diverfes religions également autorifées, chacun dans fon culte fe tient davantage fur fes gardes, & craint de faire des actions qui déshonoreraient fon églife & l'expoferaient au mépris ou aux cenfures du public. On a remarqué de plus, que ceux qui vivent dans des religions rivales ou tolérées, font ordinairement plus jaloux de fe rendre utiles à leur patrie, que ceux qui vivent dans le calme & les honneurs d'une religion dominante. Enfin veut-on bien se convaincre de ce que je dis sur les avantages d'avoir plusieurs religions dans un Etat? que l'on jette les yeux sur ce qui se passe dans un pays où il y a déjà une religion dominante, & où il s'en établit une autre à côté : presque toujours l'établissement de cette religion nouvelle est le plus sûr moyen de corriger les abus de l'ancienne.

En s'occupant de l'organisation des divers cultes, le Gouvernement n'a point perdu de vue la religion juive. Elle doit participer, comme les autres, à la liberté décrétée par nos lois. Mais les Juifs forment bien moins une religion qu'un peuple; ils existent chez toutes les nations sans se confondre avec elles. Le Gouvernement a cru devoir respecter l'éternité de ce peuple, qui est parvenu jusqu'à nous à travers les révolutions & les débris des siècles, & qui, pour tout ce qui concerne son sacerdoce & son culte, regarde comme un de ses plus grands priviléges, de n'avoir d'autres règlemens que ceux sous lesquels il a toujours vécu, parce qu'il regarde comme un de ses plus grands priviléges de n'avoir que Dieu même pour législateur.

Après avoir développé les principes qui ont été la base des opérations du Gouvernement, je dois m'expliquer sur la forme qui a été donnée à ces opérations.

Dans chaque religion il existe un sacerdoce ou un ministère chargé de l'enseignement du dogme, de l'exercice du culte, & du maintien de la discipline. Les choses religieuses ont une trop grande influence sur l'ordre public, pour que l'Etat demeure indifférent sur leur administration.

D'autre part, la religion en soi, qui a son asyle dans la conscience, n'est pas du domaine direct de la loi : c'est une affaire de croyance, & non de volonté. Quand une religion est admise, on admet par raison de conséquence, les principes & les règles d'après lesquels elle se gouverne.

Que doit donc faire le magistrat politique en matière religieu-fe? Connaître & fixer les conditions & les règles four lesquelles l'Etat peut autorifer, fans danger pour lui, l'exercice public d'un culte.

C'est ce qu'a fait le gouvernement français relativement au culte catholique. Il a traité avec le Pape, non comme fouverain étranger, mais comme chef de l'Eglife univerfelle, dont les catholiques de France font partie. Il a fixé avec ce chef le régime fous lequel les catholiques continueront à proféffer leur culte en France. Tel est l'objet de la convention paffée entre le Gouvernement & Pie VII., & des articles organiques de cette convention.

Les protestans français n'ont point de chef, mais ils ont des ministres & des pasteurs; ils ont une discipline qui n'est pas la même dans les diverfes confessions. On a demandé les inftructions convenâbles, & d'après ces inftructions, les articles organiques des diverfes confessions protestantes ont été réglés. —

Toutes ces opérations ne pouvaient être matière à projet de loi; car il appartient aux lois d'admettre ou de rejetter les divers cultes; les divers cultes ont par eux-mêmes un existence qu'ils ne peuvent tenir des lois, & dont l'origine n'est pas réputée prendre fa fource dans des volontés humaines.

En fecond lieu, la loi est définie par la conftitution, *un afte de la volonté générale*. Or, ce caractère ne faurait convenir à des inftitutions qui font nécesfairement particuliè-res à ceux qui les adoptent par conviction & par confcience. La liberté des cultes est le bienfait de la loi; mais la nature, l'enfeignement & la discipline de chaque culte font des faits qui ne s'établiffent pas par la loi, & qui ont leur fanctuaire dans le retranchement impénétrable de la liberté du cœur.

La convention avec le Pape, & les articles organiques de cette convention, participent à la nature des traités diplomatiques, c'est-à-dire, à la nature d'un véritable contrat. Ce que nous difons de la convention avec le Pape, s'applique aux articles organiques des cultes protestans. On ne peut voir en tout cela l'expreffion de la volonté fouveraine & nationale ; on n'y voit au contraire que l'expreffion & la déclaration particulière de ce que croient & de ce que pratiquent ceux qui appartiennent aux différens cultes.

Telles font les confidérations majeures qui ont déterminé la forme dans laquelle le Gouvernement vous préfente, citoyens légiflateurs, les divers actes relatifs à l'exercice des différens cultes, dont la liberté est folennellement garantie par nos lois; & ces mêmes confidérations déterminent l'espéce de fanction que ces actes comportent.

C'est à vous, citoyens légiflateurs, qu'il appartient de confacrer l'important réfultat qui va devenir l'objet d'un de vos décrets les plus folennels.

Les inftitutions religieufes font du petit nombre de celles qui ont l'influence la plus fenfible fur l'exiftence morale d'un peuple. Ce ferait trahir la confiance nationale, que de négliger ces inftitutions. Toute la France réclame à grands cris l'exécution férieufe des lois concernant la liberté des cultes.

Par les articles organiques des cultes on appaife tous les troubles, ou termine toutes les incertitudes, on confole le malheur, on comprime la malveillance, on rallie tous les cœurs, on fubjugue les confciences même, en réconciliant, pour ainfi dire, la révolution avec le ciel.

La patrie n'est point un être abftrait. Dans un Etat aufli étendu que la France, dans un Etat où il existe tant de peuples divers fous des climats différens, la patrie ne ferait pas plus fenfible pour chaque individu que ne peut l'être le Monde, fi on ne nous attachait à elle par des objets capables de la rendre préfente à notre esprit, à notre imagination, à nos fens, à nos affections. La patrie n'est quelque chofe

de réel, qu'autant qu'elle se compose de toutes les institutions qui peuvent nous la rendre chère. Il faut que les
citoyens l'aiment ; mais pour cela, il faut qu'ils puissent
croire en être aimés. Si la patrie protége la propriété, le
citoyen lui sera attaché comme à sa propriété même.

On sera forcé de convenir que, par la nature des choses, les institutions religieuses sont celles qui unissent, qui
rapprochent davantage les hommes, celles qui nous sont le
plus habituellement présentées dans toutes les situations de
la vie, celles qui parlent le plus au cœur, celles qui nous
consolent le plus efficacement de toutes les inégalités de
la fortune, & qui seules peuvent nous rendre supportables
les dangers & les injustices inséparables de l'état de société ; enfin, celles qui, en offrant des douceurs aux malheureux & en laissant une issue au repentir du criminel, mé-
ritent le mieux d'être regardées comme les compagnes se-
courables de notre foiblesse.

Quel intérêt n'a donc pas la patrie à protéger la religion, puisque c'est sur-tout par la religion que tant d'hommes destinés à porter le poids du jour & de la chaleur
peuvent s'attacher à la patrie !

Citoyens législateurs, tous les vrais amis de la liberté
vous béniront de vous être élevés aux grandes maximes
que l'expérience des siècles a consacrées, & qui ont constamment assuré le bonheur des nations, & la véritable force des empires.

✳

PROJET DE LOI.

La convention paſſée à Paris, le 26 mesſidor an 9, entre le Pape & le Gouvernement français, dont les ratifications ont été échangées à Paris, le 23 fructidor an 9 (10 Septembre 1801) enſemble les articles organiques de ladite convention, les articles organiques des cultes protestans, dont la teneur ſuit, feront promulgués & exécutés comme des lois de la République.

Convention entre le Gouvernement français & ſa Sainteté Pie VII, échangée le 23 fructidor an 9 (10 ſeptembre 1801).

LE PREMIER CONSUL de la République française, & ſa Sainteté le ſouverain Pontife *Pie VII*, ont nommé pour leurs plénipotentiaires respectifs,

Le premier Conſul, les citoyens Joſeph *Bonaparte*, conſeiller d'état, *Cretet*, conſeiller d'état, & *Bernier*, docteur en théologie, curé de Saint-Laud d'Angers, munis de pleins pouvoirs;

Sa Sainteté, ſon éminence monſeigneur Hercule *Conſalvi*, cardinal de la ſainte Egliſe romaine, diacre de Sainte-Agathe *ad Suburram*, ſon ſecrétaire d'état; Joſeph *Spina*, archevêque de Corinthe, prélat domestique de ſa Sainteté, asſiſtant du trône pontifical, & le père *Caſelli*, théologien conſultant de ſa Sainteté, pareillement munis de pleins pouvoirs en bonne & due forme;

Lesquels, après l'échange des pleins pouvoirs respectifs, ont arrêté la convention ſuivante:

Convention entre le Gouvernement français & sa
Sainteté Pie VII.

Le Gouvernement de la République reconnaît que la religion catholique, apostolique & romaine, est la religion de
la grande majorité des citoyens français.

Sa Sainteté reconnaît également que cette même religion
a retiré & attend encore en ce moment, le plus grand bien
& le plus grand éclat de l'établissement du culte catholique
en France, & de la profession particulière qu'en font les
Consuls de la République.

En conséquence, d'après cette reconnaissance mutuelle,
tant pour le bien de la religion que pour le maintien de la
tranquillité intérieure, ils sont convenus de ce qui suit:

ART. I. La religion catholique, apostolique & romaine,
sera librement exercée en France. Son culte sera public, en
se conformant aux réglemens de police que le Gouvernement
jugera nécessaires pour la tranquillité publique.

II. Il sera fait par le Saint-Siége, de concert avec le Gouvernement, une nouvelle circonscription de diocèses français.

III. Sa Sainteté déclarera aux titulaires des évêchés français,
qu'elle attend d'eux, avec une ferme confiance, pour le bien
de la paix & de l'unité, toute espèce de sacrifices, même
celui de leurs siéges.

D'après cette exhortation, s'ils se refusaient à ce sacrifice
commandé par le bien de l'Eglise (refus néanmoins auquel
sa Sainteté ne s'attend pas), il sera pourvu, par de nouveaux
titulaires, au gouvernement des évêchés de la circonscription
nouvelle, de la manière suivante.

IV. Le premier Consul de la République nommera, dans
les trois mois qui suivront la publication de la bulle de sa Sainteté, aux archevêchés & évêchés de la circonscription nouvelle. Sa Sainteté conférera l'institution canonique suivant les
formes établies par rapport à la France, avant le changement
de Gouvernement.

V. Les nominations aux évêchés qui vaqueront dans la suite, feront également faites par le premier Consul; & l'institution canonique fera donnée par le Saint-Siége, en conformité de l'article précédent.

VI. Les évêques, avant d'entrer en fonctions, prêteront directement, entre les mains du premier Consul, le serment de fidélité qui était en usage avant le changement du Gouvernement, exprimé dans les termes suivans:

„ Je jure & promets à Dieu, fur les saints évangiles, de
„ garder obéissance & fidélité au Gouvernement établi par la
„ Constitution de la République française. Je promets aussi
„ de n'avoir aucune intelligence, de n'assister à aucun conseil,
„ de n'entretenir aucune ligue, soit au-dedans, soit au-de-
„ hors, qui soit contraire à la tranquillité publique; & si,
„ dans mon diocèse ou ailleurs, j'apprends qu'il se trame quel-
„ que chose au préjudice de l'Etat, je le ferai savoir au Gou-
„ vernement."

VII. Les ecclésiastiques du second ordre prêteront le même serment entre les mains des autorités civiles désignées par le Gouvernement.

VIII. La formule de prière suivante fera récitée à la fin de l'office divin, dans toutes les églises catholiques de France:

Domine, salvam fac Rempublicam;
Domine, salvos fac Consules.

IX. Les évêques feront une nouvelle circonscription des paroisses de leurs diocèses, qui n'aura d'effet que d'après le consentement du Gouvernement.

X. Les évêques nommeront aux cures.

Leur choix ne pourra tomber que sur des personnes agréées par le Gouvernement.

XI. Les évêques pourront avoir un chapitre dans leur cathédrale, & un séminaire pour leur diocèse, sans que le Gouvernement s'oblige à les doter.

XII. Toutes les églises métropolitaines, cathédrales, paroissiales & autres non aliénées, nécessaires au culte, feront remises à la disposition des évêques.

XIII. Sa Sainteté, pour le bien de la paix & l'heureux rétablisfement de la religion catholique, déclare que ni elle, ni fes succesfeurs, ne troubleront en aucune manière les acquéreurs des biens eccléfiastiques aliénés, & qu'en conféquence la propriété de ces mêmes biens, les droits & revenus y attachés, demeureront incommutables entre leurs mains ou celles de leurs ayant-caufe.

XIV. Le Gouvernement asfurera un traitement convenable aux évêques & aux curés dont les diocèfes & les paroisfes feront compris dans la circonscription nouvelle.

XV. Le Gouvernement prendra également des mefures pour que les catholiques français puisfent, s'ils le veulent, faire en faveur des églifes, des fondations.

XVI. Sa Sainteté reconnaît dans le premier Conful de la République françaife, les mêmes droits & prérogatives dont jouisfait près d'elle l'ancien Gouvernement.

XVII. Il est convenu entre les parties contractantes que, dans le cas où quelqu'un des succesfeurs du premier Conful actuel ne ferait pas catholique, les droits & prérogatives mentionnés dans l'article ci-desfus, & la nomination aux évêchés, feront réglés, par rapport à lui, par une nouvelle convention.

Les ratifications feront échangées à Paris dans l'espace de quarante jours.

Fait à Paris, le 26 mesfidor de l'an 9 de la République française.

Signé, JOSEPH BONAPARTE.
Hercules, cardinalis CONSALVI.
CRETET.
JOSEPH, archiep. Corinthi.
BERNIER.
F. CAROLUS CASELLI.

Articles organiques de la convention du 26 messidor an 9.

TITRE PREMIER.

Du régime de l'Eglise catholique dans ses rapports généraux avec les droits & la police de l'Etat.

Art. I. Aucune bulle, bref, rescrit, décret, mandat, provision, signature servant de provision, ni autres expéditions de la cour de Rome, même ne concernant que les particuliers, ne pourrônt être reçues, publiées, imprimées, ni autrement mises à exécution, sans l'autorisation du Gouvernement.

II. Aucun individu se disant nonce, légat, vicaire ou commissaire apostolique, ou se prévalant de toute autre dénomination, ne pourra, sans la même autorisation, exercer sur le sol français ni ailleurs, aucune sanction relative aux affaires de l'Eglise gallicane.

III. Les décrets des synodes étrangers, même ceux de conciles généraux, ne pourront être publiés en France, avant que le Gouvernement en ait examiné la forme, leur conformité avec les lois, droits & franchises de la République française, & tout ce qui, dans leur publication, pourrait altérer ou intéresser la tranquillité publique.

IV. Aucun concile national ou métropolitain, aucun synode diocésain, aucune assemblée délibérante, n'aura lieu sans la permission expresse du Gouvernement.

V. Toutes les fonctions ecclésiastiques seront gratuites, sauf les oblations qui seraient autorisées & fixées par les réglemens.

VI. Il y aura recours au conseil d'état, dans tous les cas d'abus de la part des supérieurs & autres personnes ecclésiastiques.

Les cas d'abus font, l'usurpation ou l'excès du pouvoir, la contravention aux lois & réglemens de la République, l'infraction des regles consacrées par les canons reçus en France, l'attentat aux libertés, franchises & coutumes de l'Eglise gallicane, & toute entreprise ou tout procédé qui, dans l'exercice du culte, peut compromettre l'honneur des citoyens, troubler arbitrairement leur conscience, dégénérer contre eux en oppression ou en injure, ou en scandale public.

VII. Il y aura pareillement recours au conseil d'état, s'il est porté atteinte à l'exercice public du culte, & à la liberté que les lois & les réglemens garantissent à ses ministres.

VIII. Le recours compétera à toute personne intéressée. A défaut de plainte particulière, il sera exercé d'office par les préfets.

Le fonctionnaire public, l'ecclésiastique ou la personne qui voudra exercer ce recours, adressera un mémoire détaillé & signé, au conseiller d'état chargé de toutes les affaires concernant les cultes, lequel sera tenu de prendre, dans le plus court délai, tous les renseignemens convenables; & sur son rapport, l'affaire sera suivie & définitivement terminée dans la forme administrative, ou renvoyée, selon l'exigence des cas, aux autorités compétentes.

TITRE II.

Des Ministres.

SECTION PREMIERE.

Dispositions générales.

IX. Le culte catholique sera exercé sous la direction des archevêques & évêques dans leurs diocèses, & sous celle des curés dans leurs paroisses.

X. Tout privilége portant exemption ou attribution de la juridiction épiscopale, est aboli.

XI. Les archevêques & évêques pourront, avec l'autorisation du Gouvernement, établir dans leurs diocèses des chapitres cathédraux & des séminaires. Tous autres établissemens ecclésiastiques sont supprimés.

XII. Il sera libre aux archevêques & évêques d'ajouter à leur nom, le titre de *Citoyen* ou celui de *Monsieur*. Toutes autres qualifications sont interdites.

S E C T I O N II.

Des Archevêques ou Métropolitains.

XIII. Les archevêques consacreront & installeront leurs suffragans. En cas d'empêchement ou de refus de leur part, ils seront suppléés par le plus ancien évêque de l'arrondissement métropolitain.

XIV. Ils veilleront au maintien de la foi & de la discipline dans les diocèses dépendans de leur métropole.

XV. Ils connaîtront des réclamations & des plaintes portées contre la conduite & les décisions des évêques suffragans.

S E C T I O N III.

Des Evêques, des Vicaires généraux, & des Séminaires.

XVI. On ne pourra être nommé évêque avant l'âge de trente ans, & si on n'est originaire Français.

XVII. Avant l'expédition de l'arrêté de nomination, celui ou ceux qui seront proposés, seront tenus de rapporter une attestation de bonne vie & mœurs, expédiée par l'évêque dans le diocèse duquel ils auront exercé les fonctions du ministère ecclésiastique ; & ils seront examinés sur leur doctrine par un évêque & deux prêtres, qui seront commis par le premier Consul, lesquels adresseront le résultat de leur examen au conseiller d'état chargé de toutes les affaires concernant les cultes.

XVIII. Le prêtre nommé par le premier Consul fera les diligences pour rapporter l'institution du pape.

Il ne pourra exercer aucune fonction, avant que la bulle portant son institution ait reçu l'attache du Gouvernement, & qu'il ait prêté en personne le serment prescrit par la convention passée entre le Gouvernement français & le Saint-Siége.

Ce serment sera prêté au premier Consul; il en sera dressé procès-verbal par le secrétaire d'état.

XIX. Les évêques nommeront & institueront les curés; néanmoins ils ne manifesteront leur nomination, & ils ne donneront l'institution canonique, qu'après que cette nomination aura été agréée par le premier Consul.

XX. Ils seront tenus de résider dans leurs diocèses; ils ne pourront en sortir qu'avec la permission du premier Consul.

XXI. Chaque évêque pourra nommer deux vicaires généraux, & chaque archevêque pourra en nommer trois: ils les choisiront parmi les prêtres ayant les qualités requises pour être évêques.

XXII. Ils visiteront annuellement & en personne une partie de leur diocèse, & dans l'espace de cinq ans, le diocèse entier.

En cas d'empêchement légitime, la visite sera faite par un vicaire général.

XXIII. Les évêques seront chargés de l'organisation de leurs séminaires, & les réglemens de cette organisation seront soumis à l'approbation du premier Consul.

XXIV. Ceux qui seront choisis pour l'enseignement dans les séminaires, souscriront la déclaration faite par le clergé de France en 1682, & publiée par un édit de la même année: ils se soumettront à y enseigner la doctrine qui y est contenue; & les évêques adresseront une expédition en forme de cette soumission au conseiller d'état chargé de toutes les affaires concernant les cultes.

XXV. Les évêques enverront, toutes les années, à ce

con-

conseiller d'état, le nom des personnes qui étudieront dans les séminaires & qui se destineront à l'état ecclésiastique.

XXVI. Ils ne pourront ordonner aucun ecclésiastique, s'il ne justifie d'une propriété produisant au moins un revenu annuel de trois cents francs, s'il n'a atteint l'age de vingt-cinq ans, & s'il ne réunit les qualités réquises par les canons reçus en France.

Les évêques ne feront aucune ordination avant que le nombre des personnes à ordonner ait été soumis au Gouvernament, & par lui agréé.

SECTION IV.

Des Curés.

XXVII. Les curés ne pourront entrer en fonctions qu'après avoir prêté, entre les mains du préfet, le serment prescrit par la convention passée entre le Gouvernement & le Saint-Siège. Il sera dressé procès-verbal de cette prestation, par le secrétaire général de la préfecture, & copie collationnée leur en sera délivrée.

XXVIII. Ils seront mis en possession par le curé ou le prêtre que l'évêque désignera.

XXIX. Ils seront tenus de résider dans leurs paroisses.

XXX. Les curés seront immédiatement soumis aux évêques dans l'exercice de leurs fonctions.

XXXI. Les vicaires & desservans exerceront leur ministère, sous la surveillance & la direction des curés.

Ils seront approuvés par l'évêque & révocables par lui.

XXXII. Aucun étranger ne pourra être employé dans les fonctions du ministère ecclésiastique, sans la permission du Gouvernement.

XXXIII. Toute fonction est interdite à tout ecclésiastique, même français, qui n'appartient à aucun diocese.

XXXIV. Un prêtre ne pourra quitter son diocese pour aller desservir dans un autre, sans la permission de son évêque.

E

SECTION V.

Des Chapitres cathédraux, & du gouvernement des Dioceses pendant la vacance du Siège.

XXXV. Les archevêques & évêques qui voudront ufer de la faculté qui leur est donnée d'établir des chapitres, ne pourront le faire fans avoir rapporté l'autorifation du Gouvernement, tant pour l'établisfement lui-même, que pour le nombre & le choix des eccléfiaftiques deftinés à les former.

XXXVI. Pendant la vacance des fièges, il fera pourvu par le métropolitain, &, à fon défaut, par le plus ancien des évêques fuffragans, au gouvernement des diocefes.

Les vicaires généraux de ces diocefes continueront leurs fonctions, même après la mort de l'évêque, jusqu'à fon remplacement.

XXXVII. Les métropolitains, les chapitres cathédraux, feront tenus, fans délai, de donner avis au Gouvernement de la vacance des fièges, & des mefures qui auront été prifes pour le gouvernement des diocefes vacans.

XXXVVIII. Les vicaires généraux qui gouverneront pendant la vacance, ainfi que les métropolitains ou capitulaires, ne fe permettront aucune innovation dans les ufages & coutumes des diocefes.

TITRE III.

Du Culte.

XXXIX. Il n'y aura qu'une liturgie & un catéchisme pour toutes les églifes catholiques de France.

XL. Aucun curé ne pourra ordonner des prières publiques extraordinaires dans fa paroiffe, fans la permiffion fpéciale de l'évêque.

XLI. Aucune fête, à l'exception du dimanche, ne pourra être établie fans la permiffion du gouvernement.

XLII. Les ecclésiastiques useront, dans les cérémonies religieuses, des habits & ornemens convenables à leur titre: ils ne pourront dans aucun cas, ni sous aucun prétexte, prendre la couleur & les marques distinctives réservées aux évêques.

XLIII. Tous les ecclésiastiques seront habillés à la française & en noir.

Les évêques pourront joindre à ce costume la croix pastorale & les bas violets.

XLIV. Les chapelles domestiques, les oratoires particuliers, ne pourront être établis sans une permission expresse du Gouvernement, accordée sur la demande de l'évêque.

XLV. Aucune cérémonie religieuse n'aura lieu hors des édifices consacrés au culte catholique, dans les villes où il y a des temples destinés à différens cultes.

XLVI. Le même temple ne pourra être consacré qu'à un même culte.

XLVII. Il y aura, dans les cathédrales & paroisses, une place distinguée pour les individus catholiques qui remplissent les autorités civiles & militaires.

XLVIII. L'évêque se concertera avec le préfet pour régler la manière d'appeler les fidèles au service divin par le son des cloches. On ne pourra les sonner, pour toute autre cause, sans la permission de la police locale.

XLIX. Lorsque le Gouvernement ordonnera des prières publiques, les évêques se concerteront avec le préfet & le commandant militaire du lieu, pour le jour, l'heure & le mode d'exécution de ces ordonnances.

L. Les prédications solemnelles, appelées *sermons*, & celles connues sous le nom de *stations* de l'avent & du carême, ne seront faites que par des prêtres qui en auront obtenu une autorisation spéciale de l'évêque.

LI. Les curés, aux prônes des messes paroissiales, prieront & feront prier pour la propriété de la République française & pour les Consuls.

LII. Ils ne fe permettront, dans leurs inftructions, aucune inculpation directe ou indirecte, foit contre les perfonnes, foit contre les autres cultes autorifés dans l'Etat.

LIII. Ils ne feront au prône aucune publication étrangere à l'exercice du culte, à moins qu'ils n'y foient autorifés par le Gouvernement.

LIV. Ils ne donneront la bénédiction nuptiale qu'à ceux qui justifieront, en bonne & due forme, avoir contracté mariage devant l'officier civil.

LV. Les registres tenus par les ministres du culte, n'étant & ne pouvant être relatifs qu'à l'administration des facremens, ne pourront, dans aucun cas, fuppléer les registres ordonnés par la loi pour conftater l'état civil des Français.

LVI. Dans tous les actes eccléfiastiques & religieux, on fera obligé de fe fervir du calendrier d'équinoxe établi par les lois de la République; on défignera les jours par les noms qu'ils avaient dans le calendrier des folftices.

LVII. Le repos des fonctionnaires publics fera fixé au dimanche.

T I T R E I V.

De la circonfcription des Archevêchés, des Evêchés & des paroiffes, des édifices destinés au Culte, & du traitement des Ministres.

S E C T I O N P R E M I E R E.

De la circonfcription des Archevêchés & des Evêchés.

LVIII. Il y aura en France dix archevêchés ou métropoles, & cinquante évêchés.

LIX. La circonfcription des métropoles & des diocefes fera faite conformément au tableau ci-joint.

SECTION II.

De la circonscription des Paroisses.

LX. Il y aura au moins une paroisse dans chaque justice de paix.

Il sera, en outre, établi autant de succursales que le besoin pourra l'exiger.

LXI. Chaque évêque, de concert avec le préfet, réglera le nombre & l'étendue de ces succursales. Les plans arrêtés seront soumis au Gouvernement, & ne pourront être mis à exécution sans son autorisation.

LXII. Aucune partie du territoire français ne pourra être érigée en cure ou en succursale sans l'autorisation expresse du Gouvernement.

LXIII. Les prêtres desservant les succursales font nommés par les évêques.

SECTION III.

Du Traitement des Ministres.

LXIV. Le traitement des archevêques sera de 15,000 fr.

LXV. Le traitement des évêques sera de 10,000 fr.

LXVI. Les curés feront distribués en deux classes.

Le traitement des curés de la premiere classe fera porté à 1,500 francs; celui des curés de la seconde classe, à 1,000 francs.

CXVII. Les pensions dont ils jouïssent en exécution des lois de l'assemblée constituante, feront précomptées fur leur traitement,

Les conseils généraux des grandes communes pourront, fur leurs biens ruraux ou fur leurs octrois, leur accorder une augmentation de traitement, fi les circonstances l'exigent.

LXVIII. Les vicaires & desservans feront choifis parmi les ecclésiastiques penfionnés en exécution des lois de l'assemblée constituante.

Le montant de ces penfions & le produit des oblations formeront leur traitement.

LXIX. Les évêques rédigeront les projets de règlemens rélatifs aux oblations que les ministres du culte font autorifés à recevoir pour l'adminiftration des facremens. Les projets de réglemens rédigés par les évêques ne pourront être publiés, ni autrement mis à exécution, qu'après avoir été approuvés par le Gouvernement.

LXX. Tout eccléfiastique penfionnaire de l'Etat, fera privé de fa penfion, s'il refufe, fans caufe légitime, les fonctions qui pourront lui être confiés.

LXXI. Les confeils généraux de département font autorifés à procurer aux archevêques & évêques un logement convenable.

LXXII. Les presbyteres & les jardins attenans, non aliénés, feront rendus aux curés & aux desfervans des fuccurfales. A défaut de ces presbyteres, les confeils généraux des communes font autorifés à leur procurer un logement & un jardin.

LXXIII. Les fondations qui ont pour objet l'entretien des ministres & l'exercice du culte, ne pourront confifter qu'en rentes conftituées fur l'Etat. Elles feront acceptées par l'évêque diocéfain, & ne pourront être exécutées qu'avec l'autorifation du Gouvernement.

LXXIV. Les immeubles, autres que les édifices destinés au logement & les jardins attenans, ne pourront être affectés à des titres eccléfiastiques, ni posfédés par les ministres du culte à raifon de leurs fonctions.

SECTION IV.

Des édifices destinés au Culte.

LXXV. Les édifices anciennement destinés au culte catholique, actuellement dans les mains de la nation, à raifon d'un édifice par succursale, feront mis à la disposition des évêques par arrêtés du préfet du département. Une expédition de ces arrêtés fera adresfée au conseiller d'état chargé de toutes les affaires concernant les cultes.

LXXVI. Il fera établi des fabriques pour veiller à l'entretien & à la conservation des temples, à l'adminiftration des aumônes.

LXXVII. Dans les paroisfes où il n'y aura point d'édifice disponible pour le culte, l'évêque fe concertera avec le préfet pour la défignation d'un édifice convenable.

TABLEAU de la circonfcription des nouveaux Archevêchés & Evêchés de la France.

PARIS, *archevêché*, comprendra dans fon diocefe le département de la Seine :
    Troyes, l'Aube & l'Yonne ;
    Amiens, la Somme & l'Oife ;
    Soisfons, l'Aisne ;
    Arras, le Pas-de-Calais ;
    Cambray, le Nord ;
    Verfailles, Seine-&-Oife, Eure-&-Loir ;
    Meaux, Seine-&-Marne, Marne ;
    Orléans, Loiret, Loir-&-Cher.

MALINES, *archevêché*, les Deux-Nèthes, la Dyle ;
    Namur, Sambre-&-Meufe ;
    Tournay, Jemmape ;
    Aix-la-Chapelle, la Roer, Rhin-&-Mofelle ;
    Treves, la Sarre ;
    Gand, l'Escaut, la Lys ;
    Liège, Meufe-Inférieure, Ourthe ;
    Mayence, Mont-Tonnerre ;

BESANÇON, *archevêché*, Haute-Saône, le Doubs, le Jura;
    Autun, Saône-&-Loire, la Nievre;
    Metz, la Moselle, les Forêts, les Ardennes;
    Strasbourg, Haut-Rhin, Bas-Rhin;
    Nancy, la Meuse, la Meurthe, les Vosges;
    Dijon, Côte-d'Or, Haute-Marne.

LYON, *archevêché*, le Rhône, la Loire, l'Ain;
    Mende, l'Ardèche, la Lozeie;
    Grenoble. l'Isere;
    Valence, la Drôme;
    Chambéry, le Mont-Blanc, le Léman.

AIX, *archevêché*, le Var, les Bouches du-Rhône;
    Nice, Alpes-Maritimes;
    Avignon, Gard, Vaucluse;
    Ajaccio, le Golo, le Liamone;
    Digne, Hautes-Alpes, Basses-Alpes.

TOULOUSE, *archevêché*, Haute-Garonne, Arriége;
    Cahors, le Lot, l'Aveyron;
    Montpellier, l'Hérault, le Tarn;
    Carcassonne, l'Aude, les Pyrénées;
    Agen, Lot-&-Garonne, le Gers;
    Baïonne, les Landes, Hautes-Pyrénées, Basses-Pyrénées.

BORDEAUX, *archevêché*, la Gironde;
    Poitiers, les Deux-Sevres, la Vienne;
    La Rochelle, la Charente-Inférieure, la Vendée;
    Angoulême, la Charente, la Dordogne.

BOURGES, *archevêché*, le Cher, l'Indre;
    Clermont, l'Allier, le Puy-de-Dôme;
    Saint-Flour, la Haute Loire, le Cantal;
    Limoges, la Creuse, la Correze, la Haute-Vienne,

TOURS. *archevêché*, Indre-&-Loire ;
    Le Mans, Sarthe, Mayenne ;
    Angers, Maine-&-Loire ;
    Nantes, Loire-Inférieure ;
    Rennes, Ille &-Vilaine ;
    Vannes, le Morbihan ;
    Saint-Brieux, Côtes-du-Nord ;
    Quimper, le Finisterre.

ROUEN, *archevêché*, la Seine-Inférieure ;
    Coutances, la Manche ;
    Bayeux, le Calvados ;
    Séez, l'Orne ;
    Evreux, l'Eure.

Articles organiques des Cultes protestans.

TITRE PREMIER.

Dispositions générales pour toutes les Communions protestantes.

ART. I. Nul ne pourra exercer les fonctions du culte, s'il n'est Français.

II. Les églises protestantes, ni leurs ministres, ne pourront avoir des relations avec aucune puissance ni autorité étrangère.

III. Les pasteurs & ministres des diverses communions protestantes prieront & feront prier, dans la récitation de leurs offices, pour la prospérité de la République française & pour les Consuls.

IV. Aucune décision doctrinale ou dogmatique, aucun formulaire, sous le titre de *confession*, ou sous tout autre titre, ne pourront être publiés ou devenir la matière de l'enseignement, avant que le Gouvernement en ait autorisé la publication ou promulgation.

E 5

V. Aucun changement dans la discipline n'aura lieu fans la même autorifation.

VI. Le confeil d'état connaîtra de toutes entreprifes des ministres du culte, & de toutes disfentions qui pourront s'élever entre ces ministres.

VII. Il fera pourvu an traitement des pasteurs des églifes confistoriales, bien entendu qu'on imputera fur ce traitement les biens que ces églifes posfedent, & le produit des oblations établie par l'ufage ou par des réglemens.

VIII. Les dispofitions portées par les articles organiques du culte catholique, fur la liberté des fondations, & fur la nature des biens qui peuvent en être l'objet, feront communes aux églifes protestantes.

IX. Il y aura deux académies ou féminaires dans l'Est de la France, pour l'inftruction des ministres de la confeffion d'Augsbourg.

X. Il y aura un féminaire à Genève, ponr l'inftruction des ministres des églifes réformées.

XI. Les profesfeurs de toutes les académies où féminaires feront nommés par le premier Conful.

XII. Nul ne pourra être élu ministre on pasteur d'une églife de la confeffion d'Augsbourg, s'il n'a étudié, pendant un temps déterminé, dans un des féminaires français destitués à l'inftruction des ministres de cette confeffion, & s'il ne rapporte un certificat en bonne forme, conftatant fon temps d'étude, fa capacité & fes bonnes mœurs.

XIII. On ne pourra être élu ministre ou pasteur d'une églife réformée, fans avoir étudié dans le féminaire de Genève, & fi on ne rapporte un certificat dans la forme énoncée dans l'article précédent.

XIV. Les réglemens fur l'administration & la police intérieure des féminaires, fur le nombre & la qualité des profesfeurs, fur la manière d'enfeigner, & fur les objets d'enfeignement, ainfi que fur la forme des certificats ou attestations d'étude, de bonne conduite & de capacité, seront approuvés par le Gouvernement.

TITRE II.

Des Eglises réformées.

SECTION I.

De l'organisation générale de ces Eglises.

XV. Les églises réformées de France auront des pasteurs, des consistoires locaux & des synodes.

XVI. Il y aura une église consistoriale par six mille ames de la même communion.

XVII. Cinq églises consistoriales formeront l'arrondissement d'un synode.

SECTION II.

Des Pasteurs & des Consistoires locaux.

XVIII. Le consistoire de chaque église sera composé du pasteur ou des pasteurs desservans cette église, & d'anciens ou notables laïques, choisis parmi les citoyens les plus imposés au rôle des contributions directes. Le nombre de ces notables ne pourra être au-dessous de six, ni au-dessus de douze.

XIX. Le nombre des ministres ou pasteurs, dans une même église consistoriale, ne pourra être augmenté sans l'autorisation du Gouvernement.

XX. Les consistoires veilleront au maintien de la discipline, à l'administration des biens l'église, & à celle des deniers provenant des aumônes.

XXI. Les assemblées des consistoires seront présidées par le pasteur ou par le plus ancien des pasteurs. Un des anciens ou notables remplira les fonctions de secrétaire.

XXII. Les assemblées ordinaires des consistoires continueront de se tenir aux jours marqués par l'usage.

Les assemblées extraordinaires ne pourront avoir lieu sans la permission du sous-préfet, ou du maire en l'absence du sous-préfet.

XXIII. Tous les deux ans, les anciens du consistoire seront renouvelés par moitié. A cette époque, les anciens en exercice s'adjoindront un nombre égal de citoyens protestans, chefs de famille, & choisis parmi les plus imposés au rôle des contributions directes de la commune où l'église consistoriale sera située, pour procéder au renouvellement. Les anciens sortans pourront être réélus.

XXIV. Dans les églises où il n'y a point de consistoire actuel, il en sera formé un dont les membres seront élus par la réunion des vingt-cinq chefs de famille protestans les plus imposés au rôle des contributions directes. Cette réunion n'aura lieu qu'avec l'autorisation & en la présence du préfet ou du sous-préfet.

XXV. Les pasteurs ne pourront être destitués qu'à la charge de présenter les motifs de la destitution au Gouvernement, qui les approuvera ou les rejettera.

XXVI. En cas de décès, ou de démission volontaire, ou de destitution confirmée d'un pasteur, le consistoire, formé de la manière prescrite par l'article XVIII., choisira à la pluralité des voix pour le remplacer.

Le titre d'élection sera présenté au premier Consul, par le conseiller d'état chargé de toutes les affaires concernant les cultes, pour avoir son approbation.

L'approbation donnée, il ne pourra exercer qu'après avoir prêté, entre les mains du préfet, le serment exigé des ministres du culte catholique.

XXVII. Tous les pasteurs actuellement en exercice sont provisoirement confirmés.

XXVIII. Aucune églife ne pourra s'étendre d'un département dans un autre.

SECTION III.

Des Synodes.

XXIX. Chaque fynode fera formé du pasteur, ou d'un des pasteurs, & d'un ancien ou notable de chaque églife.

XXX. Les fynodes veilleront fur tout ce qui concerne la célébration du culte, l'enfeignement de la doctrine & la conduite des affaires eccléfiastiques. Toutes les décifions qui émaneront d'eux, de quelque nature qu'elles foient, feront foumifes à l'approbation du Gouvernement.

XXXI. Les fynodes ne pourront s'affembler que lorsqu'on en aura rapporté la permiffion du Gouvernement.

On donnera connaiffance préalable au confeiller d'état chargé de toutes les affaires concernant les cultes, des matières qui devront y être traitées. L'affemblée fera tenue en préfence du préfet ou du fous-préfet; & une expédition du procès-verbal des délibérations fera adreffée par le préfet au confeiller d'état chargé de toutes les affaires concernant les cultes, qui, dans le plus court délai, en fera fon rapport au Gouvernement.

XXXII. L'affemblée du fynode ne pourra durer que fix jours.

TITRE III.

De l'Organifation des Eglifes de la Confeffion d'Augsbourg.

SECTION I.

Difpofitions générales.

XXXIII. Les églifes de la confeffion d'Augsbourg auront des pasteurs, des confistoires locaux, des infpections & des confistoires généraux.

SECTION II.

Des Ministres & Pasteurs, & des Consistoires locaux de chaque église.

XXXIV. On suivra relativement aux pasteurs, à la circonscription & au régime des églises consistoriales, ce qui a été prescrit par la section II du titre précédent, pour les pasteurs & pour les églises réformées,

SECTION III.

Des Inspections

XXXV. Les églises de la confession d'Augsbourg seront subordonnées à des inspections.

XXXVI. Cinq églises consistoriales formeront l'arrondissement d'une inspection.

XXXVII. Chaque inspection sera composée du ministre, & d'un ancien ou notable de chaque église de l'arrondissement : elle ne pourra s'assembler que lorsqu'on en aura rapporté la permission du Gouvernement; la première fois qu'il écherra de la convoquer, elle le sera par le plus ancien des ministres desservant les églises de l'arrondissement. Chaque inspection choisira dans son sein deux laïques, & un ecclésiastique qui prendra le titre d'inspecteur, & qui sera chargé de veiller sur les ministres & sur le maintien du bon ordre dans les églises particulières.

Le choix de l'inspecteur & des deux laïques sera confirmé par le premier Consul.

XXXVIII. L'inspection ne pourra s'assembler qu'avec l'autorisation du Gouvernement, en présence du préfet ou du sous-préfet, & après avoir donné connaissance préalable au conseiller d'état chargé de toutes les affaires concernant les cultes, des matières que l'on se proposera d'y traiter.

XXXIX. L'inspecteur pourra visiter les églises de son arrondissement; il s'adjoindra les deux laïques nommés avec lui, toutes les fois que les circonstances l'exigeront; il sera chargé de la convocation de l'assemblée générale de l'inspection. Aucune décision émanée de l'assemblée de l'inspection, ne pourra être exécutée sans avoir été soumise à l'approbation du Gouvernement.

SECTION IV.

Des Consistoires généraux.

XL. Il y aura trois consistoires généraux, l'un à Strasbourg, pour les protestans de la confession d'Augsbourg des départemens du Haut & Bas-Rhin; l'autre à Mayence, pour ceux des départemens de la Sarre & du Mont-Tonnerre; & le troisième à Cologne, pour ceux des départemens de Rhin-&-Moselle & de la Roer.

XLI. Chaque consistoire sera composé d'un président laïque protestant, de deux ecclésiastiques inspecteurs, & d'un député de chaque inspection.

Le président & les deux ecclésiastiques inspecteurs seront nommés par le premier Consul.

Le président sera tenu de prêter entre les mains du premier consul ou du fonctionnaire public, qu'il plaira au premier consul de déléguer à cet effet, le serment exigé des ministres du culte catholique.

Les deux ecclésiastiques inspecteurs & les membres laïques prêteront le même serment entre les mains du président.

XLII. Le consistoire général ne pourra s'assembler que lorsqu'on en aura rapporté la permission du Gouvernement, & qu'en présence du préfet ou du sous-préfet, on donnera préalablement connaissance au conseiller d'état chargé de toutes les affaires concernant les cultes, des matières qui devront y être traitées. L'assemblée ne pourra durer plus de six jours.

XLIII. Dans le tems intermédiaire d'une assemblée à l'autre, il y aura un directoire composé du président, du plus âgé des deux ecclésiastiques inspecteurs & de trois laïques, dont un sera nommé par le premier consul: les deux autres seront choisis par le consistoire général.

XLIV. Les attributions du consistoire général & du directoire continueront d'être régies par les réglemens & coutumes des églises de la confession d'Augsbourg, dans toutes les choses auxquelles il n'a point été formellement dérogé par les lois de la République & par les présens articles.

Approuvé

Le premier consul, signé, BONAPARTE.

Par le premier consul,

Le secrétaire-d'état, signé H. B. MARET.

=====

Le Projet de Loi placé ci-dessus, étant renvoyé par le Corps-Législatif au Tribunat, celui-ci chargea de son examen une Commission, composée des Tribuns Siméon, Lucien Bonaparte, Savoye-Rollin, Roujoux, Jaucourt, Arnould & Jard-Panvilliers, qui le 17. Germinal (7. Avril) suivant, fit le rapport suivant par l'organe du cit. Siméon.

Citoyens tribuns, parmi les nombreux traités qui depuis moins de deux ans viennent de replacer la France au rang que lui assignent, dans la plus belle partie du Monde, le génie & le courage de ses habitans, la convention sur laquelle je suis chargé de vous faire un rapport, présente des caractères, & doit produire des effets bien remarquables.

C'est un contrat avec un souverain qui n'est pas redoutable par ses arrêts, mais qui est révéré par une grande partie de l'Europe, comme le chef de la croyance qu'elle professe, & que les monarques même qui sont séparés de sa communion ménagent & recherchent avec soin.

L'influence que l'ancienne Rome exerça sur l'univers par ses forces, Rome moderne l'a obtenue par la politique & par la religion. Ennemie dangereuse, amie utile, elle peut miner sourdement ce qu'elle ne saurait attaquer de front. Elle peut consacrer l'autorité, faciliter l'obéissance, fournir un des moyens les plus puissans & les plus doux de gouverner les hommes.

F

A caufe même de cette influence, on lui a imputé d'être plus favorable au despotisme qu'à la liberté; mais l'imputation porte fur des abus dont les lumiéres, l'expérience, & fon propre intérêt ont banni le retour.

Les principes de Rome font ceux d'une religion qui, loin d'appefantir le joug de l'autorité fur les hommes, leur apprit qu'ils ont une origine, des droits communs, & qu'ils font freres; elle allégea l'esclavage, adoucit les tyrans, civilifa l'Europe. Combien de fois fes ministres ne reclamerent-ils pas les droits des peuples? Obéir aux puiffances, reconnaître tous les gouvernemens, est fa maxime & fon précepté. Si elle s'en-écartait, on la repousferait, on la contiendrait par fa propre doctrine. Elle aurait à craindre de fe montrer trop inférieure aux diverfes fectes chrétiennes qui font forties de fon fein, & qui déjà lui ont caufé tant de pertes. Elle a fur elles les avantages de l'aînesfe; mais toutes recommandables par la tige commune à laquelle elles renfontent, & par l'uti-lité de la morale qu'elles enfeignent unanimement avec Rome, elles lui impofent, par leur existence & leur rivalité, une grande circonfpection.

Des légiflateurs n'ont point à s'occuper des dogmes fur les-quels elles fe font divifées. C'est une affaire de liberté indi-viduelle & de confcience; il s'agit, dans un traité, de poli-tique & de gouvernement. Mais c'est déjà un beau triomphe pour la tolérance dont Rome fut fi fouvent accufée de man-quer, que de la voir figner un concordat qui ne lui donne plus les prérogatives d'une religion dominante & exclufive; de la voir confentir à l'égalité avec les autres religions; & de ne vouloir difputer avec elles que de bons exemples & d'utilité, de fidélité pour les gouvernemens, de refpect pour les lois, d'efforts pour le bonheur de l'humanité.

Un concordat fut figné il y a bientôt trois fiècles entre deux hommes auxquels les lettres & les arts durent leur renaisfan-ce, & l'Europe, l'aurore des beaux jours qui depuis l'ont

éclairée, je veux dire François I. & Léon X. C'est aussi à
une grande époque de restauration & de perfectionnement
que le concordat nouveau aura été arrêté.

Les premiers fondemens de l'ancien concordat furent jetés
à la suite de la bataille de Marignan, c'était la dix-huitième
bataille à laquelle se trouvait le maréchal de Trivulce; il di-
sait qu'elle avait été un combat de géans, & que les autres
n'étaient auprès que des jeux d'enfans. Qu'eût-il dit de celle
de Maringo? Quels autres que des géans eussent monté &
descendu les Alpes avec cette rapidité, & couvert en un moment de leurs forces & de leurs trophées l'Italie qui les croyait
si loin d'elle? Le nouveau concordat est donc aussi, comme
l'ancien, le fruit d'une victoire mémorable & prodigieuse.

Combien les maux, inséparables des conquêtes, ont paru
s'adoucir aux yeux de la malheureuse Italie, lorsqu'elle a vu
cette religion dont elle est le siége principal, à laquelle elle
porte un si vif attachement, non-seulement protégée dans
son territoire, mais prête à se relever chez la nation victorieuse qui jusques-là ne s'était montrée intolérante que pour le
catholicisme!

Nous n'aurons pas seulement consolé l'Italie; toutes les
nations ont pris part à notre retour aux institutions religieuses.

Effrayées de l'essor que notre révolution avait pris & des
excès qu'il avait entrainés, elles avaient craint pour les deux
liens essentiels des sociétés: l'autorité civile & la religion. Il
leur paraissait que nous avions brisé à la fois le frein qui doit
contenir les peuples les plus libres; & ce régulateur plus puissant, plus universel que les lois, qui modère les passions,
qui suit les hommes dans leur intérieur, qui ne leur défend
pas seulement le mal, mais leur commande le bien; qui anime
& fortifie toute la morale, répand sur ses préceptes les espérances & les craintes d'une vie à venir, & ajoute à la voix
souvent si faible de la conscience, les ordres du ciel & les
représentations de ses ministres.

Comme il a été nécessaire de raffermir le gouvernement affaibli par l'anarchie, de lui donner des formes plus simples & plus énergiques, de l'entourer de l'éclat & de la puissance qui conviennent à la suprême magistrature d'un grand peuple, de le rapprocher des usages établis chez les autres nations, sans rien perdre de ce qui est essentiel à la liberté dans une République, il n'était pas moins indispensable de revenir à cet autre point, commun à toutes les nations civilisées, la religion.

Comme le Gouvernement avait été ruiné par l'abus des principes de la démocratie, la religion avait été perdue par l'abus des principes de la tolérance.

L'on avait introduit dans le gouvernement & l'administration, l'ignorance présomptueuse, l'inconséquence, le fanatisme politique & la tyrannie sous des formes populaires; l'envie avait amené l'indifférence, & bientôt l'oubli des devoirs publics & privés, déchaîné toutes les passions, développé toute l'avidité de l'intérêt le plus cupide, détruit l'éducation, & menacé de corrompre à la fois & la génération présente & celle qui doit la remplacer.

Rappelons-nous de ce qu'on a dit chez une nation, notre rivale & notre émule dans tous les genres de connaissances, & qu'on n'accusera point apparemment de manquer de philosophie? quels reproches des hommes célèbres par la libéralité de leurs idées & par leurs talens, n'ont ils pas faits à notre irréligion? Et quand on pourrait penser que leur habileté politique les armait contre nous d'argumens auxquels il ne croyaient pas, n'est-ce pas un bien de les leur avoir arrachés & de les réduire au silence sur un objet aussi important?

S'il est des hommes assez forts pour se passer de religion, assez éclairés, assez vertueux pour trouver en eux-mêmes tout ce qu'il faut quand ils ont à surmonter leur intérêt en opposition avec l'intérêt d'autrui ou avec l'intérét public, est-il permis de croire que le grand nombre aurait la même force?

Des sages se passeraient aussi de lois; mais ils les respectent, les aiment & les maintiennent, parce qu'il en faut à la multitude. Il lui faut encore ce qui donne aux lois leur sanction la plus efficace; ce qui, avant qu'on puisse les mettre dans sa mémoire, grave dans le cœur les premieres notions du juste & de l'injuste; développe par le sentiment d'un Dieu vengeur & rémunérateur l'instinct qui nous éloigne du mal & nous porte au bien. L'enfant en apprenant dès le berceau les préceptes de la religion, connaît, avant de savoir qu'il y a un code criminel, ce qui est permis, ce qui est défendu. Il entre dans la société tout préparé à ses institutions.

Ils seraient donc bien peu dignes d'estime, les législateurs anciens qui tous fortifiaient leur ouvrage du secours & de l'autorité de la religion! Ils trompaient les peuples, dit-on, comme s'il n'était pas constant qu'il existe dans l'homme un sentiment religieux qui fait partie de son caractère, & qui ne s'efface qu'avec peine; comme s'il ne convenait pas de mettre à profit cette disposition naturelle; comme si l'on ne devait pas s'aider, pour gouverner les hommes, de leurs passions & de leurs sentimens, & qu'il valût mieux les conduire par des abstractions!

Hélas! qu'avions-nous gagné à nous écarter des voies tracées; à substituer à cette expérience universelle, des siècles & des nations, de vaines théories!

L'assemblée constituante qui avait profité de toutes les lumieres répandues par la philosophie; cette assemblée où l'on comptait tant d'hommes distingués dans tous les genres de talens & de connaissances, s'était gardée de pousser la tolérance des religions jusqu'à l'indifférence & a l'abandon de toutes. Elle avait reconnu que la religion étant un des plus anciens & des plus puissans moyens de gouverner, il fallait la mettre plus qu'elle ne l'était dans les mains du Gouvernement, diminuer sans doute l'influence qu'elle avait donnée à une puissance étrangère, détruire le crédit & l'autorité temporelle du clergé, qui formait un ordre distinct dans l'Etat; mais s'en servir en le ramenant à son institution primitive, & le réduisant à n'être qu'une classe de citoyens utiles par leur instruction & leurs exemples.

L'assemblée constituante ne commit qu'une faute, & la convention qui nous occupe la répare aujourd'hui; ce fut de ne pas se concilier avec le chef de la religion. On rendit inutile l'instrument dont on s'était saisi, dès-lors qu'on l'employait à contre-sens, & que malgré le pontife, les pasteurs & les ouailles, on formait un schisme au lieu d'opérer une réforme. Ce schisme jeta les premiers germes de la guerre civile que les excès révolutionnaires ne tardèrent pas à développer.

C'est au milieu de nos villes & de nos familles divisées, c'est dans les campagnes dévastées de la Vendée, qu'il faudrait répondre à ceux qui regrettent que le Gouvernement s'occupe de religion.

Que demandait-on dans toute la France, même dans les départemens où l'on n'exprimait ses désirs qu'avec circonspection & timidité ? La liberté des consciences & des cultes; de n'être pas exposé à la dérision, parce qu'on était chrétien; de n'être pas persécuté, parce qu'on préférait au culte abstrait & nouveau de la raison humaine, le culte ancien du Dieu des nations.

Que demandaient les Vendéens les armes à la main ? Leurs prêtres & leurs autels. Des malveillans, des rebelles & des étrangers associèrent, il est vrai, à ces réclamations pieuses, des intrigues politiques; à côté de l'autel, ils plaçaient le trône. Mais la Vendée a été pacifiée, aussitôt qu'on a promis de redresser son véritable grief. Un bon & juste gouvernement peut être imposé aux hommes; leur raison & leur intérêt les y attachent promptement, mais la conscience est incompressible. On ne commande point à son sentiment ; de tous les tems, chez tous les peuples, les dissentions religieuses furent les plus animées & les plus redoutables.

Ce n'est point la religion qu'il faut en accuser, puisqu'elle est une habitude & un besoin de l'homme ; ce sont les imprudens qui se plaisent à contrarier ce besoin, & qui, sous prétexte d'éclairer les autres, les offensent, les aigrissent & les persécutent.

Nous rétrogradons, disent-ils : nous allons retomber dans la barbarie. J'ignore si le siècle qui nous a précédé était barbare : si les hommes de talens qui ont préparé, au-delà de leur volonté, les coups portés au christianisme, étaient plus civilisés que les Arnaud, les Bossuet, les Turenne. Mais je crois qu'aucun d'eux n'eut l'intention de substituer à l'intolérance des prêtres contre lesquels il déclamèrent si éloquemment, l'intolérance des athées & des déistes. Je sais que les philosophes les moins crédules ont pensé qu'une société d'athées ne pourrait subsister long-tems ; que les hommes ont besoin d'être unis entr'eux par d'autres règles que celles de leur intérêt, & par d'autres lois que celles qui n'ont point de vengeur lorsque leur violation a été secrette ; qu'il ne suffit pas de reconnaître un Dieu ; que le culte est à la religion ce que la pratique est à la morale ; que sans culte, la religion est une vaine théorie bien-tôt oubliée ; qu'il en est des vérités philosophiques comme des initiations des anciens : tout le monde n'y est pas propre.

Et si l'orgueil autant que le zèle de ce qu'on croyait la vérité, a porté à dévoiler ce qu'on appelait des erreurs, on ne pensait certainement pas aux pernicieux effets que produirait cette manifestation. Qui aurait voulu acheter la destruction de quelques erreurs, non démontrées, au prix du sang de ses semblables & de la tranquillité des Etats ?

A l'homme le plus convaincu de ces prétendues erreurs, je dirai donc : Nous ne rétrogradons pas ; ce sont vos imprudens disciples, qui avaient été trop vite & trop loin. Le peuple, resté loin d'eux, avait refusé de les suivre ; c'est avec le peuple & pour le peuple que le Gouvernement devait marcher ; il s'est rendu à ses vœux, à ses habitudes, à ses besoins.

Les cultes, abandonnés par l'Etat, n'en existaient pas moins ; mais beaucoup de leurs sectateurs, offensés d'un abandon dont ils n'avaient pas encore contracté l'habitude, & qui était sans exemple chez toutes les nations, rendaient à la patrie l'indifférence qu'elle témoignait pour leurs opinions religieuses. On se les rattache en organisant les cultes ; on se donne des partisans & des amis, & l'on neutralise ceux qui voudraient encore rester irréconciliables. On ôte tous les prétextes aux mécontentemens & à la mauvaise foi : on se donne tous les moyens.

Comment donc ne pas applaudir à un traité qui dans l'intérieur, rend à la morale la sanction puissante qu'elle avait perdue ; qui pacifie, console & satisfait les esprits ; qui, à l'extérieur, rend aux nations une garantie qu'elles nous reprochaient d'avoir ôtée à nos conventions avec elles ; qui ne nous sépare plus des autres peuples, par l'indifférence & le mépris pour un bien commun, auquel tous se vantent d'être attachés. C'est au premier bruit du concordat que les ouvertures de cette paix, qui vient d'être si heureusement conclue, furent écoutées. Nos victoires n'avaient pas suffi ; en attestant notre force, elles nous faisaient craindre & haïr. La modération, la sagesse qui les ont suivies, cette grande marque d'égards pour l'opinion générale de l'Europe nous les ont fait pardonner, & ont achevé la réconciliation universelle.

Le concordat présente tous les avantages de la religion, sans aucun des inconvéniens dont on s'était fait contre elle

des argumens trop étendus & dans leurs développemens &
dans leurs conséquences.

Un culte public qui occupera & attachera les individus
sans les asservir; qui réunira ceux qui aimeront à le suivre,
sans contraindre ceux qui n'en voudront pas.

Un culte soumis à tous les réglemens que les lieux &
les circonstances pourront exiger.

Rien d'exclusif. Le chrétien protestant aussi libre, aussi
protégé dans l'exercice de sa croyance que le chrétien catholique.

Le nom de la République & de ses premiers magistrats,
prennent dans les temples & dans des prières publiques, la
place qui lui appartient, & dont le vide entretenait des
prétentions & de vaines espérances.

Les ministres de tous les cultes soumis particulièrement
à l'influence du Gouvernement qui les choisit ou les approuve, auquel ils se lient par les promesses les plus solennel-
les, & qui les tient dans sa dépendance par leurs salaires.

Ils renoncent à cette antique & riche dotation que des
siècles avaient accumulée en leur faveur. Ils reconnaissent
qu'elle a pu être aliénée, & consolident ainsi jusques dans
l'intérieur des consciences les plus scrupuleuses, la propriété & la sécurité de plusieurs milliers de familles.

Plus de prétexte aux inquiétudes des acquéreurs des domaines nationaux, plus de crainte que la richesse ne distraie
ou corrompe les ministres des cultes; tout-puissans pour le
bien qu'on attend d'eux, ils sont constitués dans l'impuis-
sance du mal.

On n'a point encore oublié les exemples touchans &
sublimes que donnerent souvent les chefs de l'église gallicane. Fénélon remplissant son palais des victimes de la guerre, sans distinction de nation & de croyance; Belzunce pro-
diguant ses sollicitudes & sa vie au milieu des pestiférés;
un autre se précipitant au travers d'un incendie, plaçant

au profit d'un enfant qu'il arracha aux flammes, la somme
qu'il avait offerte en vain à des hommes moins courageux
que lui. [illegible]
Ils marcheront sur ces traces honorables, ces pasteurs
éprouvés à l'adversité, qui, ayant déjà fait à leur foi le
sacrifice de leur fortune, viennent de faire à la paix de
l'église celui de leur existence. Ils y marcheront également
ceux qui ont aussi obéi aux invitations du souverain pontife
dont ils n'entendirent jamais se séparer, & qui, reconnaissant
sa voix, lui ont abandonné les sièges qu'ils occupaient pour
obéir à la loi de l'Etat. Tous réconciliés & réunis, ils
n'attendent que d'être appelés pour justifier & faire bénir la
grande mesure qui va être prise.

L'humanité sans doute peut, seule, inspirer de belles actions; mais on aie niera pas que la religion n'y ajoute un
grand caractère. La dignité du ministre répand sur ses soins
quelque chose de sacré & de céleste; elle le fait apparaître
comme un ange au milieu des malheureux. L'humanité n'a
que des secours bornés, & trop souvent insuffisans: là où elle
ne peut plus rien, la religion devient toute puissante; elle
donne des espérances & des promesses qui adoucissent la
mort; elle fut toujours chez tous les peuples le refuge commun des malheureux contre le désespoir. Ne fût-ce qu'à
ce titre, il aurait fallu la rétablir comme un port secoura-
ble après tant de tempêtes.

Et les pasteurs d'un autre ordre, je parle des ministres
protestans comme des curés catholiques, qui n'a pas de témoins de leurs services multipliés & journaliers? Qui ne les
a pas vus instruisant l'enfance, conseillant l'âge viril, conso-
lant la caducité, étouffant les dissentions, ramenant les esprits?
Qui n'a pas été témoin des égards & du respect que leur con-
ciliait l'utilité de leur état; égards que leur rendaient ceux-
mêmes qui, ne croyant pas à la religion, ne pouvaient s'empêcher de reconnaître dans leurs discours & leurs actions la

bienfaisante influence ? Ces bienfaits de tous les jours & de tous les momens, ils étaient perdues, & ils vont être rendus à nos villes & à nos campagnes qui en étaient altérées.

A côté de ces éloges, on pourrait, j'en conviens, placer des reproches, & opposer aux avantages dont je parle, des inconvéniens & des abus; car il n'est aucune institution qui n'en soit mêlée; mais où la somme des biens excède celle des maux, où des précautions sages peuvent restreindre celle-ci & augmenter celle-là, on ne saurait balancer.

Les abus reprochés au clergé ont été, depuis dix ans, développés sans mesure; on a fait l'expérience de son anéantissement. Les vingt-neuf trentiemes des Français réclament contre cette expérience; leur vœux, leurs affections rappellent le clergé; ils le déclarent plus utile que dangereux; il leur est nécessaire. Ce cri, presqu'unanime, réfute toutes les théories.

D'ailleurs, le rétablissement tel qu'il est, satisfaisant pour ceux qui le reclament, ne génera en rien la conduite de ceux qui n'en éprouvent pas le besoin. La religion ne contraint personne; elle ne demande plus pour elle que la tolérance, dont jouit l'incrédulité.

Que ceux qui se croient forts & heureux avec *Spinosa* & *Hobbes*, jouissent de leur force & de leur bonheur; mais qu'ils laissent à ceux qui le professent le culte des *Pascal*, des *Fénélon*, ou celui des *Claude* & des *Saurins*; qu'ils n'exigent pas que le Gouvernement vive dans l'indifférence des religions, lorsque cette indifférence aliénerait de lui un grand nombre de citoyens, lorsqu'elle effraierait les nations; qui toutes mettent la religion au premier rang des affaires d'État.

C'est principalement sous ce point de vue, citoyens tribuns, que la commission que vous avez nommée a pensé que le concordat mérite votre pleine & entiere approbation.

Il me reste à vous entretenir des articles organiques qui accompagnent & complétent le concordat.

Je ne fatiguerai pas votre attention par l'examen minutieux de chaque détail : ils sortent tous comme autant de corollaires des principes qui ont dû déterminer le concordat, & que j'ai tâché de vous développer. Je ne vous ferai remarquer que les dispositions principales ; vous y appercevrez, je crois, de nouveaux motifs d'adopter le projet de loi qui est soumis à votre examen.

Quoique les entreprises de la cour de Rome, graces aux progrès des lumieres & à sa propre sagesse, puissent être reléguées parmi les vieux faits historiques, dont on doit peu craindre le retour, la France s'en était trop bien défendue ; elle avait trop bien établie, même sous le pieux Louis IX., l'indépendance de son gouvernement & les libertés de son église, pour que l'on pût négliger des barrieres déjà existantes.

Comme auparavant, aucune bulle, bref, rescript, ou quelqu'expédition que ce soit venant de Rome, ne pourra être reçue, imprimée, publiée ou exécutée sans l'autorisation du gouvernement.

Aucun mandataire de Rome, quel que soit son titre ou sa dénomination, ne pourra être reconnu, s'immiscer de fonctions ou d'affaires ecclésiastiques sans l'attache du gouvernement.

Le gouvernement examinera, avant qu'on puisse les publier, les décrets des synodes étrangers & même des conciles généraux. Il vérifiera & repoussera tout ce qu'ils auraient de contraire aux lois de la République, à ses franchises & à la tranquillité publique.

Point de concile national ni aucune assemblée ecclésiastique sans sa permission expresse.

L'appel comme d'abus est rétabli contre l'usurpation & l'excès de pouvoir, les contraventions aux lois & réglemens de la République, l'infraction des canons reçus en France, l'attentat aux libertés & franchises de l'église gallicane, contre toute entreprise ou procédé qui compromettrait l'honneur des citoyens, troublerait arbitrairement leur conscience, tournerait contr'eux en oppression ou en injure.

Ainsi les précautions sont prises & pour le dedans & pour le dehors.

Les archevêques & évêques seront des hommes mûrs & déjà éprouvés. Ils ne pourront être nommés avant l'âge de trente ans.

Ils devront être originaires français.

Ils seront examinés sur leur doctrine par un évêque & deux prêtres nommés par le premier consul.

Ils feront serment, non-seulement d'obéissance & de fidélité au gouvernement établi par la constitution de la République, mais de ne concourir directement ni indirectement à rien de ce qui serait contraire à la tranquillité publique, & d'avertir de ce qu'ils découvriraient ou apprendraient de préjudiciable à l'État.

Les curés, leur coopérateurs, prêteront le même serment. Ils devront être agrées par le premier consul.

L'organisation des séminaires lui sera soumise.

Les professeurs, devront signer la déclaration de 1682, & enseigner la doctrine qui y est contenue.

Le nombre des étudians & des aspirans à l'État ecclésiastique sera annuellement communiqué au gouvernement; & pour que cette milice utile ne se multiplie cependant pas outre mesure, les ordinations ne pourront être faites sans que le gouvernement n'en connaisse l'étendue & ne l'ait approuvée.

La différence des liturgies & des cathéchismes avait eu des inconvéniens qui pouvaient se reproduire; elle semblait rompre l'unité de doctrine & de culte. Il n'y aura plus pour toute la France catholique qu'une seule liturgie & un même cathéchisme.

On rapprochait au culte romain la multiplicité de ses fêtes; plus de fêtes sans la permission du Gouvernement, à l'exception du dimanche, qui est la fête universelle de tous les chrétiens.

La pompe des cérémonies sera retenue plus ou moins dans les temples, selon que le Gouvernement jugera que les localités permettent une plus grande publicité, ou qu'il faut respecter l'indépendance & la liberté des cultes différens.

Des places distinguées seront assignées dans les temples aux autorités civiles & militaires: à la tête des citoyens, durant les solennités religieuses, comme dans les fêtes civiles, leur présence protégera le culte, & contiendra au besoin les indiscrétions du zèle.

Trop long-tems on avait confondu le mariage, que le seul consentement des époux constitue, avec la bénédiction qui le consacre: désormais les ecclésiastiques, ministres tout spirituels, étrangers à l'union naturelle & civile, ne pourront répandre leurs prieres & les bénédictions du ciel, que sur les mariages contractés devant l'officier qui doit en être, au nom de la société, le témoin & le rédacteur.

Le progrès des sciences physiques nous a donné un calendrier d'équinoxe & décimal; beaucoup d'hommes resteront attachés au calendrier des solstices par habitude, c'eût été un léger inconvénient, si cette habitude ne s'était fortifiée de la répugnance pour des institutions nouvelles plus importantes: si elle n'avait formé dans l'Etat comme deux peuples qui n'avaient plus la même langue pour s'entendre sur les divisions de l'année; l'exemple des ecclésiastiques entretenait cette bigarrure: ils suivront le calendrier de la République; ils pourront seulement désigner les jours, par les noms qui leur sont donnés, depuis un tems immémorial, chez toutes les nations.

Il importait peu à la liberté que le jour du repos fût le dixieme ou le septieme. Mais il importait aux individus que le retour de ce jour fût plus rapproché. Il importait aux protestans comme aux catholiques, c'est-à-dire à presque tous les

Français, qui célèbrent le dimanche, de n'en être pas détournés par les travaux dont ceux qui étaient fonctionnaires publics n'avaient pas la faculté de s'abſtenir même dans ce jour; il importait à l'État, qui doit craindre la multiplicité des fêtes, que l'oiſiveté & la débauche ne ſe ſaiſiſſent de toutes, & ne déshonoraſſent tour-à-tour le décadi & le dimanche.

Le dimanche amenera donc le repos général. Ainſi tout ſe concilie, tout ſe rapproche; & juſques dans des détails qu'on aurait d'abord cru minutieux, on découvre une profonde ſageſſe & un enſemble parfait.

Chacun vit de ſon travail ou de ſes fonctions; c'eſt le droit de tous les hommes: les prêtres ne ſauraient en être exclus. De pieuſes prodigalités avaient comblé de richeſſes le clergé de France, & lui avaient créé une immenſe patrimoine. L'aſſemblée conſtituante l'appliqua aux beſoins de l'État, mais ſous la promeſſe de ſalarier les fonctions eccléſiaſtiques. Cette obligation trop négligée ſera remplie avec juſtice, économie & intelligence.

Les penſions des eccléſiaſtiques, établies par l'aſſemblée conſtituante, s'élevent à environ 10 millions. On emploiera de préférence les eccléſiaſtiques penſionnés: on imputera leurs penſions à leurs traitemens, & en y ajoutant 2,600,000 francs, tout le culte ſera ſoldé. Il n'en coûte pas au tréſor public la quinzième partie de ce que la nation a gagné à la réunion des biens du clergé.

L'ancien traitement des curés à portion congrue, qui étaient les plus nombreux, eſt amélioré.

Diſtribués en deux claſſes, ils recevront les appointemens de la première ou de la ſeconde, ſelon l'importance de leurs paroiſſes. Plus de cette ſcandaleuſe différence entre le curé *ſimple congru* & le curé *gros décimateur*. Aucun eccléſiaſtique ne viendra dîmer ſur le champ qu'il n'a pas cultivé, & diſputer au propriétaire une partie de ſa récolte.

Cette inftitution, à laquelle les députés du clergé renoncè-
rent dans la célebre nuit du 4. août, ne reparaîtra plus :
c'est de l'Etat feul que les eccléfiastiques, comme les autres fonctionnaires publics, recevront un honorable falaire.
Quelques oblations légeres & proportionnées feront feulement établies ou permifes, à raifon de l'administration des
facremens.

La richesfe des évêques est notablement diminuée. Ce
n'est pas du fafte que l'on attend d'eux, c'est l'exemple,
& ils promettent de la modération & des vertus.

Si des hommes pieux veulent établir des fondations, &
redoter le clergé, le Gouvernement auquel ces fondations
feront foumifes, en modérera l'excès. D'avance il est pourvu à ce que de bien-fonds ne foient pas foustraits à la
circulation des ventes, & ne tombent pas en main-morte.
Les fondations ne pourront être qu'en rentes conftituées fur
l'Etat. Ingénieufe conception qui achève d'attacher les eccléfiastiques à la fortune de la République, qui les intéres-
fe au maintien de fon crédit & de fa prospérité !

Tels font, citoyens tribuns, les traits principaux qui nous
ont paru recommander les articles organiques du concordat
à votre adoption & à la fanction du Corps-légiflatif. Le
réfultat en est l'accord heureux, & ce femble, impertur-
bable de l'empire & du facerdoce. L'Eglife placée & protégée dans l'Etat pour l'utilité publique & pour la confola-
tion individuelle, mais fans dangers pour l'Etat & fa conftitution. Les eccléfiastiques incorporés avec les citoyens &
les fonctionnaires publics, foumis comme eux au Gouvernement, fans aucun privilége, pourront, fans doute, enfeigner leurs dogmes, parler avec la franchife de leur ministère au nom du ciel, mais fans troubler la terre.

C'est avec un bien vif fentiment de plaifir que l'on voit
ce bel ouvrage couronner une femblable organifation des
cultes proteftans.

La même protection est asſurée à leur exercice, à leur ministres ; les mêmes précautions ſont priſes contre leurs abus, les
mêmes encouragemens promis à leur conduite & à leurs vertus.

Ils ſont donc entièrement effacés ces jours de proscription &
de deuil, où des citoyens n'avaient pour prier en commun que
le déſert, au milieu duquel la force venait encore disſiper leurs
pieux rasſemblemens !

Elles avaient, il est vrai, déjà cesſé, même avant la révolution, ces vexations odieuſes ; & dès ſon aurore, elles avaient
ſait place à une juste tolérance. Les protestans purent avoir
des temples ; mais l'Etat était resté étranger & indifférent à leur
culte. Ce n'est que d'aujourd'hui qu'il leur rend les droits
qu'ils avaient à ſon attention & à ſon intérêt, & que la révocation de l'édit de Nantes, ſi malheureuſe pour eux & pour toute
la France, est entièrement réparée.

Catholiques ! Protestans ! tous citoyens de la même République, tous disciples du christianisme, diviſés uniquement ſur
quelques dogmes, vous n'avez plus de motifs de vous perſécu-
ter ni de vous haïr. Comme vous partagiez tous les droits civils, vous partagerez la même liberté de conſcience, la même
protection, les mêmes faveurs pour vos cultes respectifs.

Ames douces & pieuſes qui avez besoin de prieres en commun, de cérémonies, de pasteurs, réjouisſez-vous, les temples vont être ouverts, les ministres ſont prêts.

Esprits indépendans & forts, qui croyez pouvoir vous affranchir de tout culte, on n'attente point à votre indépendance :
réjouisſez-vous, car vous aimez la tolérance. Elle n'était
qu'un ſentiment, tout au plus une pratique asſez mal ſuivie ;
elle devient une loi. Un acte ſolennel va la conſacrer. Jamais
l'humanité ne fit de plus belle conquête.

La commisſion, compoſée des citoyens *Lucien Bonaparte,
Savoye-Rollin, Roujoux, Jaucourt, Arnould, Jard Pan-
tilliers* & moi, vous propoſe unanimement, citoyens tribuns,
l'adoption du projet de loi.

G

―――

Le Tribunat ayant accepté le Concordat avec les lois organiques, suivant le Rapport de la Commission, à la pluralité de 71. voix, les Tribuns Lucien Bonaparte & Jaucourt, furent chargés d'émettre son vœu devant le Corps Législatif, ce qu'ils firent le jour suivant. Le citoyen Lucien Bonaparte ayant la parole, prononça le Discours suivant.

LÉGISLATEURS!

Les révolutions resſemblent à ces grandes ſecouſſes qui déchirent le ſein de la terre, mettent à nud ſes vieux fondemens & ſa ſtructure intérieure. En bouleverſant les Empires elles dévoilent l'organiſation profonde & les resſorts myſtérieux de la ſociété: l'obſervateur qui a ſurvécu à la ſecouſſe, pénetre au milieu des ruines accumulées, il voit ce qui a été par ce qui reſte, & il connaît alors ce qu'on pouvait abattre, ce qu'on devait conſerver, ce qu'il faut reconſtruire.

Cette époque d'expérience & d'obſervation eſt arrivée pour la France; & après dix années, nous revenons aux principes religieux, ſans lesquels il n'y a point de ſtabilité pour les Etats: le beſoin de la religion n'eſt pas moins ſacré que celui de la paix. Dans le délire de la discorde & de la guerre, on peut s'aveugler ſur ce beſoin univerſel; mais lorsque le moment arrive où le corps politique veut ſe rasſeoir, le légiſlateur eſt forcé de relever la baſe éternelle. Ses auguſtes débris giſent-ils épars ſur la pousſière, il faut que

fa main les rassemble ; il faut que le ciment dévoré fe re-
compofe : l'État n'est bien raffermi qu'après l'achevement de
ce grand œuvre. Ces liens facrés qui unissent le ciel & la
terre, fixent plus fûrement nos rapports avec nos fembla-
bles ; ils établissent les principes de la propriété particulière
& de la véritable égalité. Ils forment les fociétés, fortifient leur
enfance, hâtent leurs progrès, & protègent leur vieillesse contre la puissance du tems qui entraîne tous les ouvrages des
hommes.

Elevera-t-on contre ces grands réfultats des objections
tant de fois réfutées ? opposera-t-on les abus de la religion
à fes bienfaits ? de quoi n'abufe-t-on pas fur la terre ! L'honneur produit les duels qui défolent les familles ; la gloire en-
fante les guerres qui déchirent les nations ; au nom de la liberté, quelquefois les proscriptions fe fignent, les échafauds fe
dressent, & la religion fût souvent déshonorée par les inquifi-
teurs & le fanatisme.

Oui ; les crimes & les vertus font étroitement enlacés dans
le monde moral : ce grand livre de l'histoire nous offre à
chaque page le mal à côté du bien ; aussi le but de la légiflation est-il de féparer, par de fortes barrières, ces deux principes ennemis qui tendent fans cesse à fe confondre.

Ce n'est pas devant l'auguste asfemblée qui m'écoute qu'il
est nécessaire de développer, par des traits ifolés, ce befoin
religieux qu'attestent tous les fiècles & tous les peuples : quant
au froid matérialiste, qu'il obferve le genre humain, qu'il
étudie la naisfance & les progrès de la civilifation ; qu'il porte fon regard fceptique dans les déferts les plus lointains ;
qu'y voit-il ? les tribus errantes dans leurs vastes folitudes,
ont toutes des dieux qui marchent devant elles. C'est en préfence de la divinité, c'est en fon nom qu'elles fe forment
en corps de nation. Les cités fe réünisfent autour du temple
qui garantit leur durée ; ce temple est leur premier monument ;
des rites facrés, leur première loi ; Dieu, leur premier lien.

Et si la religion est essentielle au maintien de l'économie sociale, elle n'est pas moins nécessaire au bonheur des individus. Elle entretient dans les familles l'harmonie qu'elle établit dans les Etats. C'est elle qui épure nos affections en leur donnant un motif éternel, qui nous conduit, comme par la main, dans les scenes variées de la vie ; qui nous forme aux vertus individuelles & sociales ; qui nous reçoit dès le berceau, & nous console sur le lit de mort.

Il est des crimes qui échappent à toutes les lois : la religion seule peut les atteindre.

L'injustice appésantit-elle sur nous son bras de fer ? la religion est notre appui. Elle remet l'équilibre entre le faible & le puissant, elle peut même élever l'opprimé au-dessus de l'oppresseur ; elle donne à celui ci des remords secrets, une crainte vague & terrible, qui surpassent les châtimens de la justice humaine : elle soulage la victime par une espérance sainte, infinie, indépendante de tout ce qui l'environne. Le sage, ranimé par cette espérance inappréciable, refuse de rompre ses fers, & l'œil fixé sur le breuvage de mort, il dit à ses amis en pleurs : „ Consolez-vous ; il existe là-haut un Dieu qui punit & qui recompense."

Oui, la force toute puissante de la religion est prouvée par l'expérience de tous les siècles, & sentie par le cœur de tous les hommes.

Loin de nous ces doctrines désolantes, qui livrent la société au hasard, & le cœur humain à ses passions ! Malheur à cette fausse métaphysique, à cette métaphysique meurtriere oui flétrit tout ce qu'elle touche ! Elle se vante de tout analyser en morale ; elle ne fait que tout disfoudre ; elle parvient à dénaturer le sentiment même de l'honneur, & tous les élemens des passions généreuses. Ecoutez-la ! l'amour de la patrie n'est que de l'ambition ! l'héroïsme n'est que du bonheur ! Misérables sophistes ! c'en en vain que vous

accumulerez les argumens: l'influence myftérieufe de la religion est incompréhenfible pour les cœurs desféchés: fa puiffance morale, comme celle du génie, fe fent, fe conçoit,
& l'on n'argumente pas fur fon existence.

La néceffité de la religion une fois admife, on ne pros-
crira pas fans doute fon langage néceffaire; le culte est à
la religion, ce que les fignes font aux penfées. La fociété
religieufe ne peut point différer de la fociété civile, & il
faut que toutes les deux établiffent entre leurs membres des
rapports extérieurs, & donnent à leurs lois, des formes fenfibles. Il n'est point de peuple auquel une religion abftraite
puiffe convenir; les fignes, les cérémonies, le merveilleux
font l'indispenfable aliment de l'imagination & du cœur; le légiflateur religieux ne peut point maîtrifer les ames & les volontés, s'il n'infpire cette respectueufe & profonde adoration
qui naît des chofes myftérieufes. Ce fait incontestable dé-
pofe en faveur des cultes; & dès-lors, *fuffent-ils tous des
erreurs*, ces erreurs deviennent facrées, puisqu'elles font néceffaires au bonheur des hommes; & l'incrédulité qui calcule
avec froideur, qui décompofe avec ironie, *fût-elle la vérité
même*, elle n'en ferait pas moins la plus fatale ennemie des
individus, des familles, des peuples & des gouvernemens.

Les cultes font utiles, néceffaires dans un Etat. Le gouvernement doit donc les organifer: ce ferait donc être enne-
mi du peuple français que de négliger plus long-tems ce
grand moyen d'ordre & d'utilité publique. Ici la politique
révolutionnaire fe préfente dans fon asfurance dédaigneufe;
fi les cultes existent, elle veut que le gouvernement leur
foit étranger: l'indifférence pour toutes les religions, dit
cette politique, est le meilleur moyen de les contenir toutes.

Maxime dangereufe, prudence imaginaire ! Cette théorie
proclamée avec tant de faste ne nous a fait que des maux:
tous ceux qui l'ont profeffée pendant nos troubles civils,

se sont vus réduits à s'en écarter, parce qu'elle est fausse, & que son application est impossible parmi nous. On commence par être indifférent; l'indifférence produit bientôt l'inquiétude, & pour calmer l'inquiétude on a recours à la persécution.

On dira que la Hollande & l'Amérique suivent ce système pour les cultes de leurs diverses provinces; mais ces cultes, établis en même tems, avec les mêmes prérogatives, trouvent un remède à leur danger dans leur nombre même, & dans les mœurs des peuples qui les professent.

Parmi nous au contraire, si le christianisme n'existe pas seul, il existe au moins *sans contre-poids*; l'autorité civile doit lui en servir parmi nous : 40,000 réunions qui se correspondent, reconnaissent une hiérarchie positive. Pouvons-nous dédaigner leur force, ou croire à leur faiblesse, quand tant de consciences sont dirigées par un même esprit?

Si nous les négligions, nous nous préparerions de nouveaux orages dans les tems à venir : car, là où une puissance morale, unique, existe indépendamment de l'Etat, l'Etat porte dans son sein le germe des discordes. La moindre secousse qui ébranle ses extrémités, peut menacer ses fondemens. Là, le pouvoir du gouvernement n'est point affermi; car, dans un Etat libre, qu'est-ce que le pouvoir?

Ce n'est pas sans doute la violence de ces minorités, savantes dans l'art de se former, de se réunir, & de prodiguer les trésors de l'Etat, pour résister pendant quelques mois à l'opinion qui les repousse. Ces minorités ressemblent au puissant dont parle l'écriture : *J'ai passé, ils n'étaient plus.* Dans un Etat libre, le pouvoir ne peut être formé que par l'opinion nationale, & sur-tout par celle de l'immense population des campagnes : oui, c'est dans les campagnes que la religion exerce sa plus grande influence, & il fallait donc, au moins par politique, s'emparer de ce grand ressort & l'utiliser.

Cette politique a guidé conſtamment ceux, dont l'hiſtoire vante la ſageſſe: rappelons-nous l'histoire des grands hommes, des conquérans qui firent ou renouvellerent les Empires; ces puiſſans génies, orgueil de la race humaine, n'ont point négligé la force de la religion. Ils ont ſu l'employer avec profondeur, & loin de rester indifférens à ſon action toute puiſſante, ils ſe ſont identifiés avec elle. — Invoquerons-nous le ſouvenir coloſſal de cette Rome, qui mêla toujours à ſes projets de conquêtes les véritables idées de l'ordre public? Rome donnait le droit de cité dans le capitole à tous les Dieux des peuples conquis. — Invoquerons-nous l'autorité de *Numa*, de *Lycurgue* & de *Solon*? Mais ne conſultons que les propres oracles du ſiècle: interrogeons *Rousſeau*, & ce *Montesquieu*, le plus ſage des publicistes: leur voix annonce que la religion doit être au premier rang des affaires d'Etat; écoutons l'orateur de la révolution, écoutons *Mirabeau* lui-même, à l'époque où l'anarchie & l'impiété voulaient s'autoriſer de ſon nom. Cet homme prodigieux, à qui le trouble des paſſions & des intrigues ne pouvait dérober les grandes vérités politiques, laiſſa échapper ces parolet mémorables: „ Avouons à la face de toutes les nations & de „ tous les ſiècles, que Dieu est auſſi néceſſaire que la li- „ berté au peuple français, & plantons le ſigne auguste de „ la croix ſur la cime de tous les départemens. Qu'on ne „ nous impute point le crime d'avoir voulu tarir la dernie- „ re reſſource de l'ordre public, & éteindre le dernier es- „ poir de la vertu malheureuſe."

Nous avons auſſi devant nous l'exemple d'un peuple voiſin. L'Angleterre, qui parut toujours ſi jalouſe de ſa liberté, n'en est pas moins religieuſe; loin d'être indépendant de l'Etat, le clergé anglican, ſoutenu par lui, le ſoutient à ſon tour. Puiſſe ſeulement cette nation imiter notre exemple, & traiter les ſyſtêmes religieux avec une égalé faveur!

Mais qui font-ils donc ceux qui recufent & l'exemple des grands peuples, & l'autorité des grands hommes, & le témoignage des grands écrivains? qui font-ils? Connus feulement par les maux qu'ils ont faits, fameux par des erreurs dont-les fuites ont bouleverfé la patrie, leurs démarches ont attiré la guerre civile, leur ignorance a prolongé nos troubles: leurs folles théories ont trainé la France fur le bord du précipice; & lorsque cette expérience accablante pefe fur eux, au lieu d'invoquer l'oubli, cette puiffance protectrice, ils declament contre un Gouvernement auquel ils ont laiffé tout à réparer: ces hommes difent aujourd'hui que nous devons laiffer les cultes fans organifation. . . . . Ils difaient hier que les prêtres réfractaires exerçaient une influence effrayante pour la République; ils allaient plus loin: ne préfumant pas que le filence du Gouvernement tenait à des vues plus profondes, la plainte amere s'exhalait de leur bouche: ils demandaient des palliatifs lorsqu'on préparait le grand remede; ils cuffent voulu peut-être que l'on préférât la violence à la fagesse, & qu'au lieu d'organifer les cultes, on re-peuplât la Guyane de 20 mille prêtres: ces artifans de nos guerres civiles ne favent-ils pas encore que nous ne voulons plus, que perfonne ne veut plus ni de leurs fanglans effais, ni de leurs théories politiques?

C'est à des principes meilleurs & long-tems méconnus que le Gouvernement a dû revenir: il a dû rétablir les bafes effentielles de cette religion que nos ancêtres nous ont léguée. Et en matière de croyance religieufe, l'autorité des ancêtres est une preuve admife dans tous les lieux & dans tous les âges. On dirait que plus une religion s'enfonce dans l'obfcurité des tems, & plus elle femble s'approcher de celui qui doit exister au-delà des tems, & qui précéda leur naiffance.

Cette religion fe mêle à toute l'histoire de cet Empire. Elle est écrite dans tous fes monumens: que dis-je? elle est vivante dans ſes ruines même! d'où elle ſemble élever une voix immortelle. Elle s'est affermie par les ſecouſſes, qui auraient dû l'ébranler, & peut-être même par les exils & les ſouffrances de ſes ministres.

Il est vrai que ces perſécutions qui ſemblent la rendre plus chere au peuple, l'ont rendue dangereuſe à l'Etat. Quelques évêques proſcrits, ont pu, du fond des pays étrangers où ils ont porté un eſprit d'aigreur, exercer une influence ſéditieuſe ſur des conſciences timides qu'ils ont autrefois dirigées. C'est une raiſon de plus pour que le légiſlateur dût s'emparer d'un reſſort qui n'était pas impuiſſant.

D'ailleurs, le christianiſme fût-il moins ancien, moins utile, il est la croyance du peuple, & à ce ſeul titre il vous ſerait cher ſans doute. Vous ſavez que ſi la liberté, l'égalité, la propriété ſont des droits ſacrés, l'inviolabilité des conſciences est le premier des droits. Vous ſavez que les nations ne peuvent pas ſupporter le mépris, & qu'on ne peut pas leur donner une plus grande marque de mépris que d'outrager les premiers objets de leur vénération.

Mais fût-il en votre pouvoir de créer un culte nouveau & meilleur ; est-ce avec des lois qu'on établit des religions ? Pouvez-vous ordonner l'enthouſiasme, & décréter la croyance ? Toute puiſſance humaine vient échouer contre la perſuaſion du cœur, & même contre les préjugés de l'opinion.

Je ſuppoſe un moment qu'une religion nouvelle ſoit prête à ſortir des antres ignorés qui cachent ſes myſtères ; mais ne ſavez-vous pas comment les ſectes naiſſantes s'établiſſent ? Recueillez les leçons du paſſé. Voyez dans les Gaules latines le christianisme luttant avec effort contre la barbarie ; avant qu'il ſoit parvenu à la perfection, qui est l'eſſence de ſa doctrine, avant que l'équilibre entre les puiſſances eccléſiaſtique & civile ait été déterminé, que d'eſſais funestes ! que de ſuperſtitions cruelles ! que d'erreurs expiées par le ſang des peuples ! quelles longues éclipſes de la raiſon humaine !

Voyez dans l'Arabie ensanglantée, le Dieu de Mahomet prouvé par le glaive, & sa doctrine, bouleversant les Etats de l'Asie, devenue pour ainsi dire aussi mouvante que les sables des déserts !

Et, sans parler de ces enfantemens laborieux d'une religion nouvelle, ne craindriez-vous pas ces retours terribles, & jusqu'au silence menaçant d'une religion persécutée ? J'en atteste ces guerres impies qui ont tant de fois désolé nos ayeux, pour quelques légeres différences dans la maniere d'honorer la Divinité !

Ah ! recréons un culte acheté par tant de travaux & justifié par tant de bienfaits. Redoutons ces grandes & douloureuses épreuves qui menacent également les lois & la morale; respectons ces bornes sacrées qu'on ne peut remuer impunément.

S'il est prouvé que le gouvernement devait rétablir le christianisme, quelles devaient être les bases adoptées pour son organisation ? Il a dû considérer l'état de la République : il a vu que le christianisme embrassait parmi nous la religion romaine & les sectes protestantes.

Cette vérité reconnue, lui impose le devoir d'organiser publiquement le culte catholique, & les cultes protestans : le projet de loi atteint ce but. Il est composé d'un concordat fait avec le chef de l'église romaine, & d'articles réglementaires sur les diverses communions protestantes. Ce projet rétablit l'église catholique, apostolique & romaine; mais en déclarant cette religion publique, il organise celle des autres sectes d'une maniere parallele ; parce qu'en fait de *conscience*, *la majorité même n'impose point la loi.*

Que peut-on opposer à cette mesure vraiment sage & philosophique ? On peut renouveller contre elle la grande objection de quelques publicistes, qui reprochent à la religion romaine d'avoir pour chef suprême un prince étranger. Peut-on citer l'exemple de l'Angleterre, qui, vers le milieu du 16. siècle, rompit toute liaison avec le saint-siège, & constitua une secte indépendante ? Mais personne n'ignore quel motif honteux poussa *Henri* VIII. à se déclarer chef de l'église anglicane. D'ailleurs *Henri* VIII. établit une religion nationale dominante, & le concordat évite ce grand écueil. Il les organise toutes, & les dirige toutes également. Certes, l'exemple de l'Angleterre, en ce sens, ne doit pas être cité : cette innovation religieuse n'a pas été sans conséquence pour elle : peut-être l'homme d'Etat y voit-il la cause de toutes les tempêtes politiques qui, deux siècles après, l'exposèrent à tant de naufrages : peut-être les troubles qui n'a-guères, agitaient une de ses provinces, se rattachent-ils à la même cause. Si des feux long-tems concentrés ont dévoré l'Irlande ; si le sort de ce pays a pu dépendre d'un vent propice, ne peut-on pas croire que le système religieux de l'Angleterre, qui entretient de profondes querelles, est funeste à la tranquillité ? — La prudence & le tems peuvent cicatriser des plaies profondes ; mais comment ce peuple éclairé n'établit-il pas l'égalité dans les différens cultes ? Comment maintient-il encore la loi du test ? S'il continue à méconnaître que le droit des consciences est au-dessus du pouvoir des souverains, nous pouvons lui dire du haut de cette tribune qu'il ne se montrera pas digne du siècle où nous vivons. Il parviendra difficilement à réunir en un seul corps de nation, les îles de son Empire ; & cette faute première peut amener des résultats qu'il n'appartient qu'à l'histoire de calculer.

Mais quand la politique de *Henri* VIII. n'aurait pas pris de fausses directions, quelle utilité pourrions-nous retirer de son exemple ? Quel parallèle établirait-on entre son siècle & le nôtre ? En Angleterre, la révolution n'avait pas été irréligieuse. *Henri* VIII. avait sous la main tous les chefs d'un clergé puissant qui le secondait, tous les ressorts d'un culte établi qu'il put s'approprier, & le point où nous nous trouvons est à l'autre extrémité : il appellait à son secours un culte que la vénération publique avait confacré: nous récréons un culte qu'on a voulu anéantir par la perfécution & le mépris. D'ailleurs les iles britanniques n'ont point de rapports géographiques avec Rome; mais la République, en ayant de toute espece, l'établifement d'une fecte indépendante, eût peut-être ôté quelque chofe à notre influence européanne; & d'un autre côté, le centre de la religion catholique est il hors de la fphere de cette influence? Et, fi fes domaines furent donnés à l'églife par la France, fi cette églife fut foutenue par nos ayeux, plus libéraux, plus éclairés, plus vraiment philofophiques, les tems où nous vivons ne font pas moins glorieux pour la nation française, & aujourd'hui comme au tems de *Charlemagne*, la cour de Rome nous est liée par fon existence comme par fes affections.

Le caractère du chef qui gouverne l'églife, rend fes liaifons avec nous plus étroites, en infpirant un nouveau respect à la fainteté de fon ministère. Auffi, dans ces discuffions ou de part & d'autre on avait à lutter contre tant de préjugés, les deux gouvernemens ont apporté ce caractère de réferve & de méditation qu'infpire feul le véritable amour de l'humanité, & qui dompte tous les obftacles: le réfultat de ces discuffions a été également favorable aux intérêts de la République & à ceux de l'églife. Le concordat rétablit tout ce qni est utile, il écarte tout ce qui est fuperflu & abufif: il reconftitue la religion catholique, apoftolique & romaine, dans la partie du clergé féculier, nécesfaire au fervice public, & il la dégage de toute cette armée monastique, indépendante de l'épiscopat, fouvent contraire à fon utile influence.

La tenue des registres civils reste étrangere à toutes les communications religieufes. La liberté des confciences & l'égalité des cultes font entieres. Les cultes dans toutes leurs parties, font foumis à l'action civile, de telle forte que cet établisfement public porte un coup mortel au fanatisme.

Non, jamais inſtitution religieuſe , plus complette , plus philoſophique, plus ſalutaire, plus nationale, ne fut offerte à un grand peuple. Elle est bienfaiſante pour tous les chrétiens; les catholiques & les proteſtans vivent ſous les mêmes lois ; qu'ils chériſſent également la patrie qui les confond dans ſon amour. — Légiſlateurs, ce code religieux est un des bienfaits les plus ſignalés que la République devra à ſon gouvernement; pour mieux l'apprécier, il nous reste à la comparer rapidement avec les lois des gouvernemens paſſés.

L'aſſemblée conſtituante fixant ſes premiers regards ſur les abus de l'égliſe, voulut ramener les prêtres à la doctrine de l'évangile. Une immenſe quantité de bénéfices affectés à des ministres ſans fonctions, ſervait d'aliment à des vices qu'euxmêmes condamnaient dans les autres, tandis que le prêtre des champs vivait à peine de l'autel qu'il desſervait; ces bénéfices furent ſupprimés. — Des ordres monastiques nombreux dévoraient ſans avantage la ſubſtance des peuples: ils disparurent: ces ordres dont on conçoit l'existence, lorsque les premiers chrétiens perſécutés dans le Bas-Empire, étaient réduits à fuir les hommes pour rester fidèles à leur Dieu, ne ſervaient dans les Etats modernes qu'à y entretenir un esprit étranger & funeste : auſſi leur réforme fut ſouverainement nationale.

Pourquoi donc l'asſemblée conſtituante n'a-t elle pas atteint ſon but? Pourquoi n'ayant fait en matière de religion que des choſes utiles & presque ſemblables à ce qu'avait entrepris *Joſeph* II., à-t-elle rencontré des obſtacles qu'elle n'a pu ſurmonter? C'est que ſous *Joſeph* ſecond, les chefs de l'Egliſe germanique ſe prêterent à ſes desſeins, & que ceux de l'égliſe gallicane s'oppoſerent aux premieres tentatives des réformateurs, ſoit que ſous les dehors d'un zèle affecté, ils ne regretasſent que les richesſes & les privilèges dont ils jouïsſaient à l'ombre du trône ; ſoit qu'ils eusſent entrevu l'athéisme qui, caché derrière quelques hommes de bonne foi, esfayait déjà fes forces. L'étendard de la révolte fut arboré, & l'on vit la majorité des prêtres, des mœurs les plus pures, nés au fein du tiers-état, & les plus intéreffés à détruire les abus du haut clergé, fe laiffer entraîner par la force de la dépendance, & embraffer fincèrement une canfe qui peut-être dans leurs chefs, n'avait que des vues temporelles! Une grande partie des prêtres crut fa foi intéreffée, & le mal s'aigrit fans retour. Ainfi, ces mefures de la conftituante, parce qu'on négligea de les prendre avec la prudence néceffaire, firent dans la fuite repandre plus de fang, nous engagerent dans des erreurs plus longues à réparer que ne l'ont fait les diverfes factions politiques.

L'affemblée législative lui fuccéda, & dès fes premiers jours, la réfistance des prêtres lui parut effrayante: elle leur ordonna de prêter le ferment de fidélité, elle autorifa les corps adminiftratifs à deporter ceux qui troubleraient l'ordre public; & peu de mois après, tous ceux qui refuferent le ferment furent contraints de quitter la France dans quinze jours, fous peine de dix ans de détention. Ainfi, en moins d'une année, l'esprit destructeur naisfait déjà de l'esprit d'organifation; l'athéisme presfait déjà la philofophie, & le torrent qui devait bientôt tout bouleverfer, menaçait de fon débordement. — En moins d'une année, la proscription fut amenée par une bonne réforme religieufe, par la feule raifon que cette réforme fut organifée fans ménagemens, tant font délicates & difficiles les lois qui touchent de fi près à la confcience des peuples!

La convention fuivit le même fyftême avec une violence progreffive. L'exil en masfe de la grande majorité du clergé lui parut une mefure pufillanime; elle ordonna qu'ils feraient déportés à la Guyane, & que tous les prêtres qui fe déroberaient à la déportation, feraient punis de mort dans les vingt-quatre heures.

De si cruelles mesures pourraient toutefois être considérées comme des suites nécessaires de la première direction fautive, & de la persévérance dans le même systême ; dès que les réfractaires étaient signalés comme des ennemis de l'Etat, on pouvait ne pas s'étonner qu'ils fussent traités comme tels. Mais bientôt la scene change : le démon de l'athéisme que l'on avait pu préssentir de loin dans les années précédentes, ose se montrer à découvert ; il souleve la France du haut de la tribune, il veut en chasser à la fois toutes les consciences. Il ne lui suffisait pas de peupler la Guyane de prêtres réfractaires, les prêtres asfermentés étaient aussi nécessaires à sa rage. L'athéisme ne met pas plus de distinction dans les sectes religieuses, que le royalisme dans les sectes républicaines : le cri de mort s'étendit soudain sur tous les ministres des cultes : on les déporta par troupes sur des côtes inhospitalieres, & sous le ciel brûlant des Tropiques. — Instrument de la fatalité qui poursuivait ce vaste Empire, la convention voulut anéantir les cultes, après avoir frappé leurs ministres. Tous les plus libres décrets faits par la tolérance, furent révoqués : & l'on vit pour la première fois, dans l'histoire du monde, la loi inviter des citoyens à se déclarer infâmes : des autorités reçurent avec bienveillance la déclaration des prêtres qui reniaient leur caractère sacerdotal.

Tant de fureur avait soulevé une partie de la France ; la République fut déchirée par ses propres enfans ; les départemens de l'Ouest furent désolés, ensanglantés par cette guerre civile, qu'un systême contraire seul put éteindre.

O temps de honte éternelle ! (si dans tous les siècles les révolutions ne produisaient d'affreux résultats sous des symptômes divers) jours qui semblaient avoir ramené le peuple plus doux de la terre à la férocité des peuplades les plus barbares ! Les monumens de la religion, comme ceux des arts, se changerent en ruines. Dans les temples regnerent le silence & la désolation. Les mains sanglantes de l'athée dépouillerent le sanctuaire que l'hommage de tant de générations successives eût suffi pour rendre sacré. Les pierres sépulchrales de nos familles furent déshonorées, & d'infames courtisannes promenées en triomphe, s'assirent sur le marbre des autels! Dans ce délire effrayant on eût dit que le cœur de l'homme était changé, & que plusieurs siecles s'étaient écoulés dans l'espace de quelques jours.

Cependant les peuples consternés refusaient leur confiance aux seuls ministres que l'exil ou la mort eût épargnés; & content de son ouvrage, l'athéïsme crut avoir détruit à jamais la religion. Mais le petit nombre des dominateurs du jour s'apperçut bientôt qu'ils seraient aussi enveloppés dans la perte commune: l'Etat marchait rapidement vers sa ruine complette. Toutes les digues étaient rompues, la société etait attaquée de toutes parts; on parla bientôt du partage des fortunes; privée de tous les liens de la morale, la République était sur le point de se dissoudre. Ainsi, les poëtes nous représentent ce vaisseau naviguant sur des mers inconnues: un rocher d'aimant reposait dans le sein des vagues, le navire battu par la tempête passe sur le roc fatal, & soudain les fers qui l'assujettissent, attirés par l'aimant, se disperfent . . . . . Privés de ces liens, les bois se relâchent, se séparent, & la mer victorieuse mugit, s'élance & déchire sa proie.

C'est ainsi que, menacé par la tempête, l'athéïsme fut épouvanté de son propre ouvrage; ses disciples tremblerent sur leur propre sort; pressés de toutes parts, ils voulurent soumettre au frein de la morale le monstre qu'ils avaient déchainé; ils changerent de langage, & ils semblerent tirer comme d'un grand oubli la tradition d'un Etre suprême: son existence & l'immortalité de l'ame furent proclamés.

Ce

Ce premier essai rétrograde vers les idées religieuses, fut accueilli par l'ivresse populaire ; & cette fois du moins, ces hommes d'exécrable mémoire sacrifièrent à l'opinion nationale. Mais leurs mains souillées du sang français, n'avaient d'action que pour le crime, & le développement de leur nouvelle réunion éteignit bientôt l'éclair de la joie publique. Rien ne prouva mieux leur délire ! leur esprit aussi prodigieux pour le mal, qu'étroit pour les conceptions salutaires, crut pouvoir remplacer le christianisme par un dogme métaphysique ; ils prêchèrent leur doctrine dans les chaires même de l'évangile ; ils semblaient ne pas redouter les souvenirs majestueux, pressés en foule dans ces temples outragés, inconcevable aveuglement de l'amour propre ! ils ne sentaient pas que le christianisme persécuté, invisible n'en devenait que plus puissant, & que ces autels étaient plus éloquens par leur ruines, qu'ils ne l'étaient jadis par la pompe dont on les avait dépouillés.

Avec moins de violence sans doute, mais avec aussi peu de sagesse, le *directoire* ne fut pas moins odieux. Il régularisa le même principe & le suivit avec faiblesse. Il fit à la religion une guerre plus sourde, mais aussi cruelle. La liberté de conscience est à peine proclamée, que ceux qui veulent en jouir remplissent les cachots. La tolérance universelle est publiée & le peuple est contraint par la force, au travail ou au repos. La douce habitude de l'enfance réunit-elle les citoyens à des époques fixes ? l'autorité interrompt leur jeux, & pour mettre le comble à la dérision, on prodigue à ce peuple dispersé, les titres augustes de nation libre & souveraine.

Toutefois ce gouvernement non moins persécuteur que l'ancien, sentit comme lui le besoin d'un frein religieux. Mais trop faible, hors d'état de rien entreprendre de grand, il se traîna lentement sur les pas de la convention, & c'est alors que parut ce culte des théophilantropes, que l'histoire mettra à côté du décret sur l'Être suprême, pour prouver à nos neveux que ceux-même qui proscrivent tous les cultes font réduits a y recourir lorsqu'ils veulent consolider leur puissance.

Enfin le 18 brumaire se leva sur la République.

A peine le gouvernement consulaire fut-il institué, qu'il s'empressa de publier la véritable liberté des cultes ; il fut enfin permis au Peuple français de se reposer & de travailler à son gré, d'adorer le créateur comme il l'entendait ; & l'on substitua au serment théologique, la promesse que doit tout citoyen, de fidélité aux lois de l'Etat.

Lorsque l'Ouest connut ce changement de systême, lorsqu'il sut que le gouvernement lui laissait ses prêtres & son culte, les armes tombèrent des mains de ce bon peuple, & la guerre civile fut appaisée.

Dans le même tems, le gouvernement s'était adressé au chef de l'église pour prendre des mesures définitives qui pussent terminer le scandale des dissensions religieuses, tranquilliser le peuple & faire aimer à tous les cœurs cette République assez illustre & assez admirée.

Les conférences pour le concordat datent de cette époque.

Ainsi, législateurs, c'est l'ouvrage de deux années que vous avez sous les yeux : c'est la fin des troubles religieux que vous allez prononcer. Heureuse la France si cet ouvrage eût pû être achevé en 89 ! qui peut calculer le nombre de victimes que l'on eût épargnées ?

Je me résume :

1°. La religion, les cultes, sont utiles aux individus, nécessaires aux sociétés.

2°. Le Gouvernement de la République ne peut pas rester étranger aux cultes ; il doit les organiser.

3°. Le projet de loi qui vous est soumis, organise les cultes de la manière la plus convenable.

Empressez-vous, législateurs, de *réparer par votre sagesse des erreurs qui vous sont étrangeres :* empressez-vous
de reconnaitre & de convertir en loi de l'Etat ce code religieux : alors vous aurez payé votre dette à la patrie, &
dans cette session mémorable vous aurez décreté la paix
de la République avec les nations & avec les consciences.

Tel est le vœu que le tribunat nous a chargé d'émettre
dans votre sein : son adoption repose sur les principes que
nous avons développés, & principalement sur cette grande
considération que *notre devoir est de céder a l'opinion
nationale, & que cette opinion demande le rétablissement
des institutions religieuses.*

*L'Orateur précédent, étant remplacé par
le citoyen Jaucourt, celui-ci déve-
loppa les principaux motifs, des Articles reglémentaires du Culte Protestant, de la manière suivante :*

CITOYENS LÉGISLATEURS !

Quoique l'orateur qui m'a précédé à cette tribune, ait
donné les développemens les plus satisfaisans au projet de
loi qui vous est soumis, j'ai cru qu'il me serait encore
permis de reporter votre pensée sur cette époque glorieuse
qui va mettre réellement à l'usage de la nation française la
liberté des cultes, cette liberté toujours proclamée, & toujours enchainée jusqu'à ce moment. J'ai pensé aussi que
le corps-législatif ne verrait pas sans quelqu'intérêt que le
tribunat offrait déjà dans le choix de ses orateurs, l'exemple

de cette union qui bientôt va fondre les sentimens des Français de cultes différens, dans un même respect pour la constitution, une égale reconnaissance pour le gouvernement, un amour également pur pour la patrie. A une époque désastreuse de nos anciennes annales, après des discussions civiles & religieuses, à la fin d'une guerre qui avait armé les Français les uns contre les autres; un prince qu'on peut nommer dans cette tribune républicaine, puisque c'est le seul *dont le Peuple ait gardé la mémoire*, *Henri IV*, se félicitait de pouvoir s'occuper enfin de justice & de religion; quel que soit la forme des gouvernemens, la force invincible des choses ramène la même nécessité dans les mêmes circonstances.

La paix générale, qui met le comble à la satisfaction de tous les citoyens, est à peine signée, & les Consuls viennent, à la suite d'une convention, sur laquelle l'orateur qui m'a précédé ne me laisse plus rien à dire, présenter au corps-législatif un mode d'organisation & de police des cultes, c'est à-dire le gage le plus assuré de la paix intérieure. La convention signée entre le Gouvernement français & la cour de Rome, va faire cesser enfin les intolérances religieuses; elle garantit à tous les citoyens un droit non moins sacré que la sûreté de leurs personnes & de leurs propriétés, *la liberté de conscience*; & en les attachant aussi plus fortement à notre régénération politique, elle tarira pour l'avenir une source féconde de ressentimens, de haines & de calamités.

Le premier Consul a rétabli, par de sages mesures, la bonne intelligence avec la cour de Rome; l'église gallicane fut toujours jalouse de ses libertés; mais un ministere purement spirituel ne peut dégénérer en une domination oppressive; &, suivant l'heureuse expression du rapporteur du Conseil d'Etat, les articles organiques de la convention du 26 messidor tendent tous à ramener à l'esprit de la pure & respectable antiquité, des institutions qui sont la base & la garantie de la morale.

Les ministres protestans font, par la nature même de leurs inftitutions, toujours rapprochés de cette fimplicité évangélique, & leur doctrine, envifagée fous le rapport de l'ordre focial, offre de fûrs garans de leur foumiffion & de leur fidélité aux lois de la République & à fon Gouvernement. Jaloux d'unir à la qualité d'inftituteurs de la morale religieufe celle de citoyens, jamais ils ne voudront ifoler les devoirs qui leur font impofés fous ce double rapport.

Une claffe nombreufe de citoyens fut long-tems victime de la perfécution. L'éclat d'un regne glorieux pour les lettres & les arts, fut terni par la profcription des proteftans. La France perdit avec eux des talens utiles, des établiffemens précieux et une partie confidérable de fon commerce.

La philofophie alors éleva la voix et s'efforça conftamment d'arrêter la perfécution qu'on exerçait encore contre les familles qui, malgré les menaces & la crainte des fupplices ne pouvaient fe réfoudre à abandonner la France. Ses fuccès furent lents & difficiles, mais enfin fa voix fut refpectée. La tolérance ne fut plus regardée comme un bienfait, mais comme un devoir, & l'on pourrait prefque dire que la nation françaife avait proclamé la liberté des cultes avant même l'affemblée conftituante.

Aujourd'hui les vastes provinces qui ont aggrandi le territoire de la République, ont confidérablement augmenté la population proteftante. Le retour de l'ordre & de la profpérité, la liberté religieufe & la fageffe de nos inftitutions vont probablément en accroître encore le nombre. La loi que vous allez rendre, citoyens légiflateurs, s'il est permis de préfager d'avance votre décret, retentira dans toute l'Europe. Les defcendans des réfugiés portent encore un cœur français, ils rentreront dans cette patrie que l'on ne peut jamais oublier, & le dix-neuvieme fiecle acquittera les torts du fiecle de Louis XIV.

H 3

Après ces Discours le Corps Législatif se decida de passer, immediatement au scrutin, lequel étant depouillé, fit voir une majorité de 228 voix en faveur du projet, contre vingt & une qui le rejettaient; ainsi le Concordat avec le Pape, les articles organiques des Cultes, tant Catholique que Protestant, furent declarés LOI DE LA RÉPUBLIQUE FRANÇAISE. *Les Consuls firent part au Peuple Français de cet important résultat, avec une pompe extraordinaire, le jour de Pâques (18 Avril) par la Proclamation suivante:*

FRANÇAIS!

Du sein d'une révolution, inspirée par l'amour de la patrie, éclatèrent tout-a-coup au milieu de vous des dissentions religieuses, qui devinrent le fléau de vos familles, l'aliment des factions, & l'espoir de vos ennemis. Une politique insensée tenta de les étouffer sous les débris des autels, sous les ruines de la religion même: A sa voix, cessèrent ces pieuses solemnités, où les citoyens, s'appelloient du doux nom de frères, & se reconnoissoient tous égaux sous la main du Dieu, qui les avoit créés; le mourant, seul avec la douleur, n'entendit plus cette voix consolante, qui appelle les Chrétiens à une meilleure vie; & Dieu même sembla exilé de la nature. Mais la conscience publique, mais le sentiment de l'indépendance des opinions se soulevèrent; & bientôt, égatés par les ennemis du dehors, leur explosion porta le ravage dans nos départemens; les Français oublièrent qu'ils étoient Français, & devinrent les instrumens d'une haine étrangère. D'un autre côté, les passions déchaînées, la morale sans appui, le malheur sans espérance dans l'avenir, tout se réunissoit pour porter le désordre dans la Société. Pour arrêter ce désordre, il fallait rasseoir la religion sur sa base; & on ne pouvoit le faire que par des mesures, avouées par la religion même. C'étoit au Souverain-Pontife que l'exemple des siècles & la raison commandaient de recourir, pour rapprocher les opinions & réconcilier les cœurs. Le Chef de l'Eglise a pesé, dans sa sagesse & dans l'intérêt de l'Eglise, les propositions que l'intérêt de l'Etat avoit dictées; sa voix s'est fait entendre aux pasteurs: Ce qu'il approuve, le Gouvernement l'a consenti, & les Législateurs en ont fait une Loi de la République. Ainsi disparaissent tous les élémens de discorde, ainsi s'évanouissent tous les scrupules, qui pouvoient alarmer les consciences, & tous les obstacles, que la malveillance pouvoit opposer au retour de la Paix intérieure.

Ministres d'une religion de paix, que l'oubli le plus profond couvre vos dissentions, vos malheurs & vos fautes; que cette religion, qui vous unit, vous attache tous par les mêmes noeuds, par des noeuds indissolables, aux intérêts de la patrie. Déployez pour elle tout ce que votre ministère vous donne de force & d'ascendant sur les esprits; que vos leçons & vos exemples forment les jeunes Citoyens à l'amour de nos institutions, au respect & à l'attachement pour les autorités tutélaires, qui ont été créées pour les protéger; qu'ils apprennent de vous, que le Dieu de la Paix est aussi le Dieu des Armées, & qu'il combat avec ceux, qui défendent l'indépendance & la liberté de la France.

Citoyens qui professez les Religions Protestantes, la loi

égalemént étendu sur vous sa sollicitude. Que cette moa-
rale commune à tous les citoyens, cette morale si sainte, si
pure, si fraternelle, les unisse tous dans le même amour
pour la patrie, dans le même respect pour les lois, dans la
même affection pour tous les membres de la grande famille.
Que jamais des combats de doctrine n'altèrent ces sentimens,
que la religion inspire & commande !

Français, soyons tous unes pour le bonheur de la Patrie
& pour le bonheur de l'humanité ; que cette religion, qui
a civilisé l'Europe, soit encore le lien qui en rapproche
les habitans, & que les vertus, qu'elle exige, soient toujours associées aux lumières, qui nous éclairent.

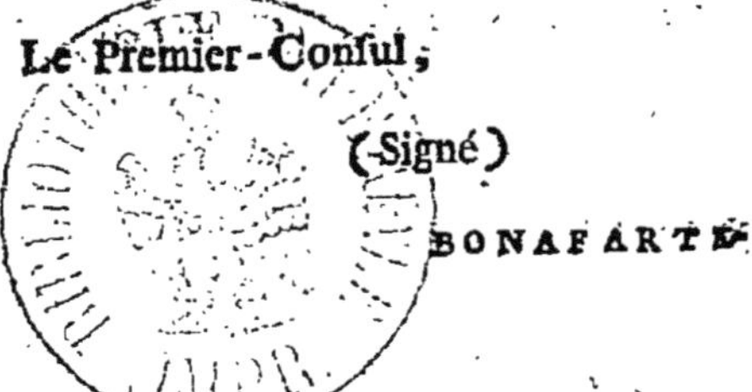

Le Premier-Consul,

(Signé)

BONAPARTE.